Charles G. Finney
HILFEN ZUM GEBET

Charles G. Finney

HILFEN ZUM GEBET

GRUNDSÄTZE DES BETENS

(Zusammengestellt von L. G. Parkhurst)

Dynamis Verlag · CH-8280 Kreuzlingen

Deutsch von ARNOLD SPERLING-BOTTERON
Originaltitel: „Principles of Prayer"
Erschienen bei Bethany Fellowship, Inc.

ISBN 3-85645-039-4

© Copyright 1983 by Dynamis Verlag, 8280 Kreuzlingen (Schweiz)
© Copyright der englischen Ausgabe 1980 L. G. Parkhurst

Umschlaggestaltung: Xaver Bisig
Gesamtherstellung:
Schönbach-Druck GmbH, 6106 Erzhausen bei Darmstadt
Printed in Germany

Inhalt

Vorwort 7

WIRKSAMES GEBET

1. Die Wahrheit und das Gebet 10
2. Bete um eine bestimmte Sache 12
3. Bete um Erkenntnis des göttlichen Willens 14
4. Ergib dich beim Beten in den Willen Gottes 16
5. Bete mit ernstem Verlangen 18
6. Bete mit den richtigen Motiven 20
7. Halte durch in der Kraft des Geistes 22
8. Bete oft sowie im Namen Jesu und entsage der Sünde .. 24
9. Bete im Glauben 26
10. Warum Gott ein inbrünstiges Verlangen erwartet 28
11. Gebet bringt Einigkeit und Segen 30
12. Eine abschließende Bemerkung 32

DAS GEBET DES GLAUBENS

1. Was wir glauben müssen, wenn wir beten 36
2. Halte dich beim Beten an Gottes Verheissungen 38
3. Halte dich beim Beten an prophetische Aussagen 40
4. Bete, wenn Zeichen ein Segen ankündigen 42
5. Gebete des Glaubens erreichen ihren Zweck 44

6. Wie man das Gebet des Glaubens betet 46
7. Das Gebet des Glaubens 48

DER GEIST DES GEBETES

1. Warum wir den Heiligen Geist brauchen 52
2. Der Heilige Geist und die Bibel 54
3. Der Heilige Geist und das Heil 56
4. Der Heilige Geist und die göttliche Vorsehung 58
5. Den Heiligen Geist unterscheiden 60
6. Den Heiligen Geist unterscheiden (Fortsetzung) 62
7. Den Einfluß des Heiligen Geistes erlangen 64
8. Das Gebet und die Gemeinde 66

WERDET VOLL GEISTES

1. Du kannst und mußt den Heiligen Geist haben 70
2. Hindernisse für das Erfülltsein mit dem Geiste 72
3. Folgen des Erfülltseins mit dem Geiste 74
4. Folgen des Erfülltseins mit dem Geiste (Fortsetzung) . . . 76
5. Der Segen des Erfülltseins mit dem Geiste 78
6. Die Folgen der geistlichen Leere 80
7. Die Notwendigkeit des göttlichen Einflusses 82

ZUM BETEN ZUSAMMENKOMMEN

1. Der Zweck des öffentlichen Gebetes 86
2. Wie man öffentliches Beten leitet 88
3. Hindernisse für öffentliches Beten 90
4. Die Notwendigkeit des öffentlichen Betens 92

Vorwort

Eigentlich sollte jeder gläubige Christ mit den Grundsätzen des Gebetes, wie sie Charles G. Finney aufgestellt hat, gut vertraut sein, weil nämlich jeder Gläubige Grundsätze braucht, die mit der klaren biblischen Lehre in Einklang stehen, nüchtern, verständlich und in der Praxis bewährt sind. Millionen sind durch diese Grundsätze gesegnet, viele zu Jesus geführt und eine große Arbeit im Reiche Gottes getan worden. In seinen Lebenserinnerungen schrieb Finney, daß er in seinen Erweckungsversammlungen den Gläubigen klarzumachen suchte, daß Gott augenblicklich Gebet erhört, wenn sie auf die Bedingungen eingingen, an deren Erfüllung er die Erhörung geknüpft hat, und vor allem, wenn sie in dem Sinne glaubten, daß er ihre Gebete erhört. Wenn ein Gotteskind im Glauben an den Herrn auf die in diesem Buche beschriebenen Bedingungen eingeht, wird Gott sein Gebet erhören. Finneys Grundsätze des Gebetes sind die Frucht eines ernsthaften Gebetsringens. Im Anhang dieses Buches wird anhand einiger Beispiele die Wirkung solchen Betens beschrieben.

Wir haben dieses Buch herausgegeben, weil wir glauben, daß Finneys bestens bewährte Grundsätze das Leben von Menschen verändern können, die nach einem zuverlässigen Leitfaden für biblisches Beten Ausschau halten. In die Praxis umgesetzt, können dadurch sogar ganze Gemeinden verwandelt werden. Charles Finney war tief im Wort der Bibel gegründet, und er setzte die Grundsätze wirksamen Gebetes selber bei allem, was er zu tun bemüht war, in die Tat um. Gottes Wort und das

Gebet öffnen einem jeden Gläubigen die Tür zu fruchtbarem Wirken im Reiche Gottes heute noch ebenso, wie sie es für Finney und jene Christen taten, die seine Arbeit mittrugen. Finney beugte sich unter die Autorität der Heiligen Schrift, weil er sie als wahr und lebensverwandelnd, als *das* Wort Gottes anerkannte. Konsequenterweise bezog er die Bibel als göttliche Wahrheit auf sein ganzes Leben, einschließlich sein Studium des Gebetes. Durch seine Hingabe und sein geheiligtes Leben wurde aus Finney einer der brauchbarsten Mitarbeiter Gottes im 19. Jahrhundert. Nicht zuletzt durch die klaren und von biblischer Wahrheit durchtränkten Grundsätze des Gebetes, die er uns hinterlassen hat, ist sein Einfluß noch heute spürbar.

Finneys Grundsätze sind in diesem Buch zu 40 kurzen Meditationen zusammengefaßt, um die Beschäftigung mit ihnen zu erleichtern und sie besser in die Praxis umsetzen zu können. So läßt sich dieses Buch sowohl fortlaufend durchlesen wie auch im Rahmen einer täglichen Andacht während 40 Tagen. Lies jedes Kapitel, denke darüber nach, bete darüber und versuche, es in deinem Alltagsleben in die Praxis umzusetzen. Jedem Kapitel folgt ein kurzes Gebet (verfaßt von L. G. Parkhurst), das eine Hilfe sein soll, uns tüchtig zu machen zu wirksamem Gebet. Es kann nicht genug betont werden, daß diese Grundsätze des Gebetes keine andauernde Wirkung haben, wenn du dich in deiner stillen Zeit nicht immer wieder nachdenkend und betend damit beschäftigst. Wie Jakob mit dem Engel rang und obsiegte, so müssen auch wir mit diesen Grundsätzen ringen und lernen, im Gebetskampf vor Gott zu obsiegen.

Der Verlag

Wirksames Gebet

„Obsiegendes oder wirksames Beten ist dasjenige Gebet, welches den Segen erlangt, den es sucht.
Es ist das Gebet, das tatsächlich bis zu Gott durchdringt.
Gerade das ist die Idee des wirksamen Gebetes,
daß es etwas ausrichtet."

1. *Die Wahrheit und das Gebet*

Zwei Mittel sind erforderlich, um eine Erweckung zu fördern, das eine davon, um Menschen zu beeinflussen, das andere, um Gott zu beeinflussen. Die Wahrheit dient dazu, Menschen zu beeinflussen, während das Gebet Gott bewegt. Wenn ich davon rede, Gott zu bewegen, so meine ich damit nicht, daß Gott aufgrund des Gebetes seinen Sinn ändert oder daß sich dadurch seine Haltung oder sein Wesen wandelt. Vielmehr bewirkt das Gebet in uns selber eine Wandlung, die es Gott möglich macht, zu tun, was er sonst nicht tun würde. Wenn ein Sünder umkehrt, dann öffnet sich für Gott der Weg, ihm zu vergeben. Unter dieser Voraussetzung war Gott schon immer bereit, ihm zu vergeben, so daß, wenn der Sünder eine andere Einstellung einnimmt, Gott seine Haltung gar nicht zu ändern braucht, um ihm zu vergeben. Die Reue und Umkehr des Sünders ist es, welche die göttliche Vergebung möglich macht und Gott die Gelegenheit gibt, in diesem Sinne zu handeln. So verhält es sich auch bei den Gläubigen. Wenn sie wirksam beten, dann sind sie in jener inneren Verfassung, wie Gott sie erhören kann, vorausgesetzt, sie beten entsprechend dem Willen Gottes.

Die Wahrheit für sich allein hat keine Wirkung, wenn der Geist Gottes fehlt, und der Geist wird als Antwort auf Gebet gegeben. Manchmal kommt es vor, daß die, welche die Eifrigsten in der Verkündigung des Wortes sind, nicht auch die Eifrigsten im Gebet sind. Das ist immer sehr bedauerlich. Es sei denn, daß sie (oder jemand um sie herum) den Geist des Gebetes haben, so wird die Wahrheit allein nichts anderes bewirken, als die Menschen in ihrer Unbußfertigkeit zu verhärten. Am Tage des Gerichtes wird es sich wohl herausstellen, daß niemals etwas allein durch die Wahrheit — und wird sie noch so eifrig dargelegt — ausgerichtet wird, wenn nicht irgendwie hinter der Wortverkündigung auch der Geist des Gebetes steht.

Andere verfallen in den gegenteiligen Fehler. Nicht, daß sie zuviel Nachdruck auf das Gebet legten. Aber sie übersehen die Tatsache, daß man die längste Zeit beten kann und doch nichts erreicht, wenn man eben nur betet. Denn in der Regel werden Sünder nicht durch ein unmittelbares Wirken des Heiligen Geistes belehrt, sondern durch die Wahrheit, die ihm als Werkzeug dazu dient.

Gebet

„O Gott, gib Deinen Heiligen Geist in mein Leben, damit ich so verändert werde, wie Du es haben willst. Überzeuge mich von der Wahrheit durch die Gute Nachricht Deines Sohnes. Rüste mich mit einer echten Liebe zu den Sündern aus, damit ich das Verlangen habe, für sie zu beten und manchem die Wahrheit zu bezeugen. Amen."

2. *Bete um eine bestimmte Sache*

Manche gehen in ihr „stilles Kämmerlein", weil sie „ihr Gebet verrichten müssen". Die Zeit ist da, sich zu ihrem gewohnten Gebet zurückzuziehen, sei es am Morgen, am Mittag oder zu welcher Tageszeit es auch sein mag. Doch anstatt daß sie etwas Konkretes zu sagen und um etwas Bestimmtes zu beten haben, fallen sie auf ihre Knie und beten einfach für das, was ihnen gerade in den Sinn kommt, und wenn sie nachher fertig sind, wissen sie kaum ein Wort von dem, was sie gebetet haben. Das ist kein wirksames Gebet. Was würden wir von einem Menschen halten, der im Parlament eine Eingabe machen möchte und sich dann zu gegebener Zeit an die Abgeordneten wenden und seine Petition aufs Geratewohl einbringen würde, ohne dabei eine klare Vorstellung davon zu haben, was er damit erreichen möchte?

Man muß eine ganz bestimmte Sache im Auge haben. Man kann nicht für eine ganze Reihe von Dingen auf einmal bitten, wenn man wirksam beten will. Der Geist des Menschen ist so beschaffen, daß er nicht sein ganzes Interesse auf eine Vielzahl von Dingen zugleich richten kann. Alle Beispiele für wirksames Beten in der Bibel machen das deutlich. Überall, wo ein im Gebet gesuchter Segen auch empfangen wurde, läßt sich feststellen, daß ein solches Gebet ein Bitten um etwas ganz Bestimmtes war.

Gebet

"Lieber Vater im Himmel, meine Gedanken wandern so oft, wenn ich zu Dir bete. Ich kann mich nicht lange konzentrieren und lasse mich so schnell ablenken. Präge mir solche Menschen, Anlässe oder Dinge fest ein, für die ich beten soll. Hilf mir, meine Gedanken beständig auf einen bestimmten Gegenstand zu konzentrieren, damit ich durch das Gebet wenigstens eine bestimmte Sache zu Deiner Verherrlichung tun kann. Amen."

3. *Bete um Erkenntnis des göttlichen Willens*

Wenn man um etwas bittet, das dem geoffenbarten Willen Gottes zuwiderläuft, so versucht man Gott. Es gibt drei Wege, durch die uns der Wille Gottes zur Leitung im Gebet geoffenbart wird.

1. Durch ausdrückliche Verheißungen und Weissagungen in der Bibel, daß Gott bestimmte Dinge geben oder tun will, seien es Verheißungen in bezug auf einzelne Sachen oder dann Verheißungen allgemeiner Art, die wir auf einzelne, bestimmte Dinge anwenden können. Es gibt zum Beispiel die folgende Verheißung: ,,Bei allem, worum ihr in eurem Gebet bittet, glaubt nur, daß ihr's schon empfangen habt, so wird's euch zuteil werden'' (Markus 11, 24).

2. Bisweilen tut Gott seinen Willen durch seine Vorsehung, das heißt durch seine Fügung, kund. Wenn er es deutlich werden läßt, daß dieses oder jenes Ereignis im Begriff ist zu geschehen, so ist das ebensogut eine Offenbarung, als hätte er sie in seinem Worte niedergelegt. Es wäre unmöglich, in der Bibel alles zu offenbaren. Doch oft zeigt Gott denen, die geistliches Unterscheidungsvermögen besitzen, daß es sein Wille ist, diesen oder jenen Segen zu geben.

3. Durch den Heiligen Geist. Wenn Gottes Volk in Ungewißheit ist, worum es nach dem göttlichen Willen beten soll, so wird es oft vom Geist Gottes unterwiesen. Wenn keine spezielle Offenbarung vorliegt und die äußeren Umstände uns im dunkeln lassen, so daß wir nicht wissen, wie wir beten sollen, so wird uns ausdrücklich zugesagt, daß ,,der Geist unserer Schwachheit aufhilft'' und daß ,,der Geist selbst für uns eintritt mit unaussprechlichem Seufzen'' (Römer 8, 26). Es wird hier ebenso klar gesagt, als würde es neu durch eine Stimme vom Himmel her kundgetan, daß der Heilige Geist dem Volke Gottes hilft, gemäß dem Willen Gottes zu beten, wenn es selbst nicht weiß, wie es beten soll. ,,Der aber die Herzen erforscht, der weiß, was der

Geist will; denn er tritt für die Heiligen ein, wie es Gott gefällt" (Römer 8, 27), und führt die Gläubigen so, daß sie „mit unaussprechlichem Seufzen" genau für diese Dinge beten. Wenn weder das Wort noch eine Fügung ihnen zu einer Entscheidung verhilft, so ist es notwendig, daß sie sich mit dem Heiligen Geist erfüllen lassen. Er befiehlt ihnen: „Laßt euch vom Geist erfüllen" (Epheser 5, 18). Dann wird er (der Heilige Geist) ihren Sinn auf solche Dinge lenken, die er bereit ist zu gewähren.

Gebet

„Lieber Herr, ich bekenne, daß ich oft nicht weiss, was ich beten soll, wie sich's gebührt, und so bete ich häufig einfach drauf los. Hilf mir, tief in der Heiligen Schrift zu graben, damit ich auf mein Beten anwende, was ich von ihr lerne. Hilf mir, daß ich empfindsam bin für die göttliche Dimension im Geschehen um mich herum, damit ich in Übereinstimmung mit Deinen göttlichen Fügungen beten kann. Schenke mir ein stärkeres Bewußtsein für das Wirken Deines Geistes in mir, damit ich durch ihn die richtigen Gebetsgegenstände erkenne. Amen."

4. *Ergib dich beim Beten in den Willen Gottes*

Um wirksam zu beten, muß man sich in den Willen Gottes ergeben. Dabei ist jedoch Ergebung nicht mit Gleichgültigkeit zu verwechseln. Etwas Ungleicheres gibt es kaum. Ich kannte jemand, der einen Ort aufsuchte, wo Erweckungsluft wehte. Er selbst war innerlich kalt und verschloß sich dem erwecklichen Geist. Auch Gebetsgeist war bei ihm nicht vorhanden. Als er die Brüder in großer Gewißheit der Erhörung beten vernahm, war er von ihrer Kühnheit sehr betroffen und bestand die ganze Zeit darauf, wie wichtig es sei, mit Ergebung in den Willen Gottes zu beten. Es zeigte sich deutlich, wie sehr er Unterstellung und Ergebung mit Gleichgültigkeit verwechselte.

Ebenso darf man Ergebung beim Beten nicht durcheinanderbringen mit der Zuversicht, Gott werde schon das Richtige tun. Sicher ist nichts Verkehrtes an dem Vertrauen darauf, daß Gott in allen Dingen schon das Richtige tun wird. Doch das ist etwas anderes als Ergebung. Was ich mit Ergebung beim Beten meine, ist das Ruhen im geoffenbarten Willen Gottes. Sich einem Befehl Gottes zu unterwerfen, heißt ihm gehorchen. Unterwerfung unter einen vermutlichen, möglichen, aber noch verborgenen Ratschluß Gottes ist keine Ergebung. Sich einer göttlichen Fügung unterwerfen kann man erst, wenn sie wirklich da ist. Denn wir wissen nie, was geschehen wird, bevor es da ist.

Sich ohne Gebet unterwerfen, solange der Wille Gottes nicht bekannt ist, heißt Gott versuchen. Vielleicht, und das dürften wir ja wissen, ist das Darbringen eines rechten Gebetes gerade das, was eine Wendung der Dinge bewirkt. Im Falles eines unbußfertigen Freundes von dir kann die Inbrunst und die Dringlichkeit deiner Gebete für ihn eben die Bedingung sein, unter der er vor der Hölle errettet werden soll.

Gebet

„Lieber Vater, am Schluß meiner Gebete unterstelle ich mich immer Deinem Willen. Aber ich erkenne jetzt, daß ich manchmal zu wenig ernstlich bete für das, was ich erstrebe oder tun möchte, und ich überlasse alles einfach Dir, damit Du Dich darum kümmerst, während ich versuche, damit zufrieden zu sein, wie es herauskommt. Hilf mir, ähnlich wie Jakob im Gebet zu ringen, und mich dann im Gehorsam allem zu beugen, was Du von mir verlangst. Amen."

5. *Bete mit ernstem Verlangen*

Wirksames Gebet um einen Gegenstand bedingt ein Verlangen nach diesem Gegenstand, dessen Inbrunst seiner Bedeutung entspricht. Wenn jemand nach einem Segen wirklich verlangt, so wird auch die Inbrunst seines Verlangens der Größe des Segens entsprechen. Das Verlangen des Herrn Jesu nach dem Segen, um den er betete, war wunderbar stark und steigerte sich hin bis zu einem regelrechten Todeskampf. Wenn das Verlangen nach einem Gegenstand stark und ein selbstloses Verlangen ist, und wenn dieser Gegenstand dem Willen Gottes und seiner Vorsehung nicht zuwiderläuft, so ist die Annahme gerechtfertigt, daß Gott darauf eingeht. Es gibt zwei Gründe für diese Annahme:

1. Das allgemeine Wohlwollen Gottes. Wenn es sich um eine wünschenswerte Sache handelt, und wenn es, soweit wir urteilen können, ein Ausdruck göttlichen Wohlgefallens sein würde, sie nicht vorzuenthalten, so macht gerade sein Wohlwollen die Erhörung sehr wahrscheinlich.

2. Wenn du feststellst, daß du von einem starken Verlangen nach etwas Gottgefälligem getrieben wirst, so besteht guter Grund zu der Annahme, daß der Geist Gottes selber dieses Verlangen in dir wirkt und dich zum Gebet dafür antreibt, damit du es als Antwort auf Dein Gebet empfängst. In einem solchen Falle ist kein noch so großes Verlangen, kein noch so beharrliches Bitten fehl am Platz. Ein Christ darf sozusagen aufstehen und Gottes Arm festhalten. Denken wir doch an Jakob, wie er, von tiefem Verlangen ergriffen, ausrief: ,,Ich lasse dich nicht, du segnest mich denn" (1. Mose 32, 27). Mißfiel Gott seine Kühnheit und Beharrlichkeit? Auf keinen Fall; statt dessen gab er ihm, worum er gebeten hatte.

So auch im Fall von Mose. Gott sprach ja zu ihm: ,,Und nun laß mich, daß mein Zorn über sie entbrenne und sie vertilge; dafür will ich dich zum großen Volk machen" (2. Mose 32, 10). Und was tat Mose? Stand er einfach da und ließ er Gott das tun, was er gesagt hatte? Nein; er mußte an die Ägypter denken und wie sie triumphieren würden. „Warum sollen die Ägypter sagen: Er hat sie zu ihrem Unglück herausgeführt" (2. Mose 32, 12)? Es schien, als würde er gleichsam Gott in seinen erhobenen Arm fallen, um den Schlag abzuwenden. Tadelte ihn Gott deswegen und schalt ihn, sich doch nicht einzumischen? Nein; es schien, als konnte sich Gott einer solchen Beharrlichkeit nicht verschließen. Und so trat Mose in den Riß und erlangte bei Gott den Sieg.

Gebet

„O Herr, es gibt vieles beim Gebet, das ich nicht verstehe. Wie kann ich beten und Sieg erlangen? Verdienen mein Verlangen und meine Bedürfnisse, die mir so armselig vorkommen, auch wirklich das inbrünstige Flehen und das Ringen, wie es bei Männern wie Jakob, Mose und Jesus in ihrem Gebet zum Ausdruck kommt? Laß mich nicht nur mich selber und meine Interessen sehen, sondern öffne mir die Augen, damit ich die großen Bedürfnisse Deiner Gemeinde und der Welt, die Du geschaffen hast, sehe. Und gib mir dann die Kraft, von ganzem Herzen und mit ganzem inneren Einsatz für diese Bedürfnisse zu beten. Amen."

6. *Bete mit den richtigen Motiven*

Wirksames Gebet setzt die richtigen Beweggründe voraus. Das Gebet sollte nie von Selbstsucht, sondern von einem tiefen Wunsch nach der Verherrlichung Gottes bestimmt sein. Ein großer Teil der Gebete wird aus purer Selbstsucht dargebracht. Frauen beten manchmal für die Bekehrung ihrer Männer, weil, wie sie sagen, „es doch viel schöner wäre, wenn mein Mann mit mir zum Gottesdienst ginge" und so weiter. An etwas anderes als an sich selbst scheinen sie überhaupt nicht zu denken. Sie denken nicht daran, wie sehr ihre Männer durch ihre Sünden Gott verunehren und wie sehr ihre Bekehrung Gott verherrlichen würde.

So verhält es sich oft auch bei Eltern. Sie können den Gedanken nicht ertragen, daß gerade ihre Kinder verloren gehen sollten. Sie beten wirklich sehr ernstlich für sie. Aber wenn du mit ihnen über das Thema Kinder sprichst, dann erzählen sie dir voller Rührung, wie gut ihre Kinder sind, wie sehr sie den Glauben achten und selbst „schon beinahe gläubig" sind. Sie reden so, als fürchteten sie, du könntest ihren Kindern wehe tun und ihnen die volle Wahrheit sagen. Sie denken nicht daran, wie so liebe, nette Kinder mit ihren Sünden Gott Unehre bereiten. Sie denken nur daran, wie schrecklich es für die Kinder sein müßte, zur Hölle zu fahren. Wenn aber ihre Gedanken nicht höher gehen, werden ihre Gebete bei dem heiligen Gott keine Wirkung haben.

Die Versuchung zu selbstsüchtigen Beweggründen ist so stark, daß die Befürchtung begründet ist, ein Großteil von Elterngebeten komme über das Sehnen elterlicher Zuneigung kaum je hinaus. Hier liegt der Grund, warum so manche Gebete nicht erhört werden und so viele gläubige, betende Eltern ungläubige Kinder haben.

Desgleichen scheinen viele Gebete für die Heidenwelt auf keinem höheren Beweggrund als auf gewöhnlichem Mitleid zu beruhen. Missionare und andere reden fast ausschließlich von den Abermillionen von Heiden, die verloren gehen, aber wenig wird von der Verunehrung Gottes durch sie gesagt. Das ist ein großer Übelstand. Wenn die Gemeinde des Herrn nicht lernt, aus höheren Motiven als Mitleid für die Heiden die Missionsarbeit im Gebet zu unterstützen, so werden ihre Gebete und Bemühungen wenig Erfolg aufweisen.

Gebet

„Lieber Vater, hilf mir, mich selbst und meine Gebete zu prüfen, ob ich mich von den richtigen Beweggründen bestimmen lasse. Ich habe nie über die Ernsthaftigkeit von manchen meiner Gebetsanliegen nachgedacht. Ich habe Dir im Gebet meine eigenen Bedürfnisse und die Bedürfnisse anderer Menschen gebracht und dabei nicht erkannt, daß viele dieser berechtigt erscheinenden Gebetsanliegen in Wirklichkeit in der Selbstsucht wurzelten. Schaffe in mir, Gott, ein reines Herz und gib mir einen neuen, gewissen Geist. Amen."

7. *Halte durch in der Kraft des Geistes*

Soll das Gebet wirksam sein, so bedarf es des Eintretens vom Heiligen Geist. Erwarte nicht, daß du nach dem Willen Gottes beten kannst ohne den Geist. Es ist dazu ein solcher Glaube nötig, wie er nur durch das Wirken des Heiligen Geistes hervorgebracht wird.

Zurückgegangene Gläubige, die den Gebetsgeist verloren haben, kehren im allgemeinen nicht sogleich wieder zur Gewohnheit anhaltenden Betens zurück. Sie sind nicht in der rechten Gemütsverfassung und können sich nicht so lange konzentrieren auf den Segen, bis er auch kommt. Würden sie in der Verfassung sein, durchzuhalten, bis der Segen kommt, so könnten sie mit einem einzigen wirksamen Gebet ebensoviel erreichen, wie durch oft wiederholtes Beten um dieselbe Sache. Aber so müssen sie wieder und wieder beten, weil ihre Gedanken umherzuwandern geneigt sind und vom eigentlichen Gebetsgegenstand immer wieder abschweifen.

Die meisten Gläubigen gelangen zu einem obsiegenden Gebet erst nach einem längeren inneren Prozeß. Sie werden allmählich so von Sorge um eine bestimmte Sache erfüllt, daß sie anfangen, deswegen zu Gott zu seufzen, sogar bei der Arbeit — gerade so wie eine Mutter, deren Kind krank ist, und die im Hause umhergeht, seufzend, als ob ihr das Herz brechen wollte. Und wenn sie eine betende Mutter ist, so läßt sie ihre Seufzer den ganzen Tag lang zu Gott emporsteigen. Wenn sie das Zimmer verläßt, in welchem das kranke Kind liegt, so ist sie in Gedanken noch immer bei ihm. Sogar wenn sie schläft, sind ihre Gedanken bei dem Kinde, und sie fährt in ihren Träumen auf, voller Furcht, ihr Kind könnte sterben. Ihr ganzes Denken wird von ihrem kranken Kinde absorbiert. Solcher Art ist der innere Zustand eines Gläubigen, der obsiegendes Gebet kennt.

Darum täusche dich nicht im Glauben, daß wirksames Beten auch ohne dieses starke Verlangen nach dem ersehnten Segen möglich ist. Ich glaube nicht daran. Das Gebet dringt nicht durch, wenn es nicht von einem inneren Ringen begleitet ist. Der

Apostel Paulus spricht davon als von einem Arbeiten und Mühen der Seele. Jesus Christus selbst war, als er in Gethsemane betete, in einem solchen Seelenkampf, daß „sein Schweiß wie Blut wurde, das auf die Erde tropft" (Lukas 22, 44).

Gebet

„O Herr, wenn ich meine schwachen Gebetsversuche vergleiche mit den Merkmalen wirksamen Gebetes, so bekenne ich, daß ich nicht bete, sondern eher spiele beim Beten. Vergib mir, daß ich nicht so durchgehalten habe, wie ich sollte, sondern zu schnell aufgegeben habe im Glauben, Du werdest schon alles recht machen. Erfülle mich jetzt mit Deinem Geiste und mit dem Verlangen nach anhaltendem Beten. Amen."

8. *Bete oft sowie im Namen Jesu und entsage der Sünde*

Wenn du wirksam beten willst, so mußt du viel beten. Vom Apostel Jakobus wird erzählt, daß man nach seinem Tod seine Knie mit Schwielen bedeckt fand, wie die Knie von einem Kamel, weil er soviel gebetet hatte. Wahrlich, da lag das Geheimnis für den Erfolg dieser urchristlichen Diener Gottes! Sie hatten schwielige Knie!

Du kannst beim Beten nicht durchdringen, ohne dich von all deinen Sünden loszusagen. Du mußt dich nicht nur daran erinnern und sie bereuen, sondern sie wirklich aufgeben und dich mit einer klaren Herzensentscheidung ein für allemal davon lossagen.

Soll dein Gebet wirksam sein, so bete im Namen Jesu. Du kannst nicht in deinem eigenen Namen vor Gott treten. Du kannst dich auch nicht auf deine eigenen Verdienste berufen. Aber du darfst in dem Namen hinzutreten, der immer angenehm ist vor dem Vater. Wir alle wissen, was es heißt, den Namen eines Menschen zu gebrauchen. Wenn du zur Bank gehst mit einem Scheck, unterschrieben von X. Y., so hast du dessen Namen und kannst damit das Geld von der Bank bekommen, ebenso wie er selbst. So gibt Jesus Christus uns das Recht, seinen Namen zu gebrauchen. Und wenn du betest im Namen Jesu, so heißt das, daß du damit ebenso durchdringen kannst, wie er selbst es könnte, und ebensoviel empfangen wirst, wie Gottes geliebter Sohn, wenn er um die gleichen Dinge beten würde. Aber du mußt im Glauben bitten.

Gebet

„Lieber Vater im Himmel, ich bekenne, daß ich mir das Beten zu leicht mache. Ich demütige mich nicht wirklich vor Dir und wende für das Gebet nicht die gleiche Mühe auf wie für andere wichtige Dinge. Vergib mir und hilf, daß ich meine törichten Wege aufgebe, damit ich im Gebet wirklich etwas ausrichten kann zur Förderung Deines Reiches. Das bitte ich Dich, Vater, in dem Namen, den Du ehrst: im Namen Jesu Christi, meines Herrn. Amen."

9. *Bete im Glauben*

Du mußt im Glauben beten. Du mußt die Dinge erwarten, um die du bittest. Du brauchst nicht mit einer Gebetserhörung zu rechnen, wenn du sie gar nicht erwartest. Du darfst dir aber solche Erwartungen nicht machen, wenn du keinen Grund dafür hast. In den von mir genannten Fällen (s. Kap. 3) ist ein Grund für die Erwartung gegeben. Wo Gott etwas in seinem Wort zugesagt hat, und man betet ohne die Erwartung, den Segen zu bekommen, dann macht man Gott ganz einfach zum Lügner. Ist der Wille Gottes durch die Fügung der Umstände erkennbar, so verlaß dich darauf und erwarte den Segen soweit, wie die Fügung klare Hinweise enthält. Wenn du durch den Heiligen Geist geleitet wirst, für bestimmte Dinge zu beten, dann hast du ebensolchen Grund, diese Dinge zu erwarten, als ob Gott seinen Willen in seinem Wort geoffenbart hätte.

Doch manche wenden ein: ,,Wird nicht diese Auffassung von der Geistesleitung die Leute zum Fanatismus verleiten?'' Meine Antwort ist, daß ich wohl weiß, wie sich nicht wenige in bezug auf diese Sache täuschen können. Viele haben sich auch in allen anderen Punkten des Glaubens getäuscht. Und wenn nun manche Leute meinen, vom Geiste Gottes geleitet zu sein, während es doch nichts anderes ist als ihre Einbildung, sollte das dann diejenigen, die tatsächlich vom Geist geführt sind, ein Grund sein, der Geistesleitung nicht zu folgen? Viele Leute halten sich für bekehrt und sind es doch nicht. Ist das ein Grund, daß wir nicht dem Herrn Jesus Christus anhängen sollten? Angenommen, etliche täuschten sich in der Meinung, sie würden Gott lieben. Ist das etwa ein Grund, weshalb der wahre Gläubige, der weiß, daß die Liebe Gottes ,,in sein Herz ausgegossen'' ist, seinen Empfindungen nicht in Lobliedern Ausdruck geben sollte?

So mögen sich manche täuschen in der Meinung, sie seien vom Geiste Gottes geleitet. Aber sie brauchen sich gar nicht zu täuschen. Wenn die Leute ihren eigenen Impulsen folgen, so ist das ihre Schuld. Ich wünsche nicht, daß man bloßen Impulsen folgt. Ich wünsche, daß man nüchternen Sinnes ist und den nüchternen, vernünftigen Führungen des Geistes Gottes folgt. Es gibt solche, die verstehen, was ich meine und die sehr gut wissen, was es bedeutet, sich im Gebet dem Geiste Gottes zu öffnen.

Gebet

„Herr Jesus, ich glaube, hilf meinem Unglauben. Ich sehne mich danach, die Leitung des Heiligen Geistes in meinem Leben zu erfahren. Und ich sehne mich danach, im Glauben zu beten und zu wissen, daß meine Gebete erhört werden. Es bedeutet für mich eine neue Einsicht, zu wissen, daß die nüchternen, vernünftigen und unter viel Gebet getroffenen Entscheidungen in meinem Leben eher Führungen des Geistes Gottes als gefühlsmäßige Impulse sind. Hilf mir, nicht zuviel als selbstverständlich hinzunehmen, sondern auf die Wahrheit zu schauen, die wirklicher Glaube denen vermittelt, die Gott dienen möchten. Amen."

10. *Warum Gott ein inbrünstiges Verlangen erwartet*

Dieses inbrünstige Verlangen vermittelt ein lebendiges Bild von der Stärke der Empfindungen Gottes. Es ist dasselbe, was Gott unbußfertigen Sündern gegenüber fühlt. Wenn ich gelegentlich die erstaunliche Kraft der Liebe zu den Seelen bei Gotteskindern gesehen habe, dann empfing ich einen wunderbaren Eindruck von der Liebe Gottes und seinem Verlangen nach ihrer Errettung.

Der Fall von einer Frau in einer Erweckung, von der ich las, hinterließ bei mir einen ganz besonders großen Eindruck. Sie hatte ein solch unaussprechliches Erbarmen und eine solche Liebe zu den Seelen, daß sie in ihrem Flehen für sie förmlich nach Atem rang. Welch eine Stärke des Verlangens muß doch Gottes Herz bewegen, wenn sein Geist in einem Gläubigen ein solches Ringen hervorbringen kann, solche Wehen der Seele! Gott hat das beste Wort dafür gewählt: Geburtswehen, Geburtswehen der Seele!

Die Seele eines Gotteskindes muß, wenn sie so beladen ist, Erleichterung finden. Gott legt diese Bürde auf die Seele eines Gläubigen in der Absicht, ihn näher zu sich zu ziehen. Christen sind oft noch so ungläubig, daß sie erst dann echtes Vertrauen auf Gott praktizieren, wenn er diese Last so schwer auf sie legt, daß sie unter ihr nicht leben können, sondern zu ihm gehen und dort Erleichterung suchen müssen. Es ist ähnlich wie bei manch einem überführten Sünder. Gott ist bereit, ihn sofort anzunehmen, wenn er nur im Glauben an Jesus Christus zu ihm kommen will. Aber der Sünder will nicht kommen. Er zögert, er sträubt sich, er seufzt unter der Last seiner Sünden und will sich doch nicht auf Gott werfen, bis seine Gewissenslast so schwer wird, daß er nicht länger damit leben kann. Und wenn er dann fast zur Verzweiflung getrieben ist und schon beinahe in der Hölle zu versinken meint, macht er einen mächtigen Sprung und wirft sich auf Gottes Erbarmen, das seine einzige Hoffnung ist. Er hätte schon vorher kommen sollen. Gott hatte an der Angst des Sünders als solcher keine Freude.

Ähnlich verhält es sich, wenn Christen unter einer Last für Seelen stehen. Sie beten oft und immer wieder, aber sie werden ihre Bürde nicht los, und ihre Bedrängnis wird nicht kleiner, weil sie nicht alles im Glauben auf Gott geworfen haben. Solange ihre Liebe zu den Sündern anhält, wird diese Last bleiben und noch wachsen, und es sei denn, daß sie dem Heiligen Geiste widerstehen und ihn dämpfen, werden sie solange keine Erleichterung finden, bis sie in ihrer äußersten Seelennot eine verzweifelte Anstrengung machen, die Last auf den Herrn Jesus Christus werfen und nun endlich kindlich ihr Vertrauen auf ihn setzen. Dann fühlen sie sich erleichtert, und dann haben sie den Eindruck, daß der Mensch, für den sie gebetet haben, gerettet wird. Die Last ist weg, und Gott in seiner Freundlichkeit besänftigt das Gemüt mit der süßen Gewißheit, daß der Segen nicht ausbleibt.

Oft nach einem solchen Kampf, nach einem solchen Ringen im Gebet, wenn das Herz eines Gläubigen auf diese Weise Erleichterung gefunden hat, wird es von schönsten und geradezu himmlischen Empfindungen durchströmt, die Seele ruht still und wunderbar in Gott und freut sich „mit unaussprechlicher und herrlicher Freude".

Gebet

„O Herr, mein Gott, ich liebe meine Freunde, und ich liebe die Glaubensgeschwister in meiner Gemeinde, in meinem Bibelkreis, in meiner Gebetsgruppe, aber ich liebe die Sünder kaum. Ich bekenne, daß ich immer noch einen Groll habe gegen die, die mir persönlich oder meiner Gemeinde unrecht getan haben. Bitte, lehre mich lieben, auch solche, die Deinen Namen verunehrt haben. Ich bringe sie Dir jetzt in kindlichem Glauben und im Vertrauen darauf, daß Du mein Gebet erhörst. Amen."

11. *Gebet bringt Einigkeit und Segen*

Ein besonderer Grund, warum Gott ein solches Ringen im Gebet fordert, ist ohne Zweifel der, daß es ein enges Band der Gemeinschaft zwischen Christus und seiner Gemeinde knüpft. Es bewirkt eine tiefe Gleichgestimmtheit zwischen ihnen. Es ist, als ob Christus käme und den Überfluß seines eigenen, von Liebe überströmenden Herzens über seine Gemeinde ausgösse und als ob er sie anleitete, mit ihm zusammen in einer Weise zu fühlen und zu arbeiten, wie es ihnen sonst nicht möglich ist.

Diese Geburtswehen für Seelen schafft auch ein besonderes Band der Gemeinschaft zwischen warmherzigen Gläubigen und Neubekehrten. Diese sind denen, die diesen Gebetsgeist für sie hatten, lieb und teuer. Die Gefühle hier sind mit denen einer Mutter für ihr erstgeborenes Kind zu vergleichen. Paulus läßt das so schön anklingen, wenn er sagt: ,,Meine lieben Kinder!" Sein Herz war voller Wärme und Zuneigung für sie. ,,Meine lieben Kinder, ich leide *noch einmal* Geburtswehen um euch" — sie waren im Glauben zurückgegangen, und er fühlte all die Sorge um sie, die ein Vater um seinen umherirrenden Sohn hat — ,,ich leide noch einmal Geburtswehen um euch, bis Christus in euch Gestalt gewinnt" (Galater 4, 19).

Bei Erweckungen habe ich oft beobachtet, wie gerade solche, die den Geist des Gebetes besaßen, viel Liebe zu den Neubekehrten hatten. Ich weiß, das alles ist recht unverständlich für solche, die niemals so etwas empfunden haben. Aber wer das innere Ringen und das obsiegende Gebet für die Bekehrung eines Menschen erfahren hat, für den ist ein solcher Mensch, wenn er sich bekehrt hat, so lieb wie ein eigenes Kind. Er hat darum gerungen, hat ihn als Antwort auf sein Gebet empfangen und kann ihn vor den Herrn Jesus Christus bringen und sagen: ,,Siehe, hier bin ich und die Kinder, die mir der Herr gegeben hat" (Jesaja 8, 18; vgl. auch Hebräer 2, 13).

Ein weiterer Grund, warum Gott diese Art des Gebetes fordert, ist der, daß es der einzige Weg ist, auf dem die Gemeinde vorbereitet wird für den Empfang großer Segnungen, ohne daß sie dadurch Schaden nimmt. Wenn die Gemeinde so vor Gott im Staube liegt und in die Tiefen des Gebetskampfes geführt wird, dann tut Gotteskindern der Segen wohl. Würden sie jedoch den Segen ohne diese tiefe Beugung der Seele empfangen, so würden sie sich nur stolz aufblähen. So aber mehrt es ihre Heiligkeit, ihre Liebe und ihre Demut.

Gebet

„Lieber himmlischer Vater, binde mich fester an Deinen Sohn Jesus Christus. Erfülle mein Herz mit seiner Liebe zu allen Menschen. Gib mir eine echte Sorge um die, die um mich herum verloren sind, die welche keinen haben, an den sie sich wenden können, und hilf mir, ihnen von der Liebe Christi zu uns allen zu sagen. Laß mich demütig sein und immer daran denken, daß alles, was für Dich erreicht wird, Dein Werk in mir und in der Gemeinde ist, der ich diene. Amen."

12. *Eine abschließende Bemerkung*

Ein großer Teil von Gebeten geht verloren, und viele Menschen dringen niemals durch im Gebet, weil sie, auch wenn sie das Verlangen nach bestimmten Segnungen haben, nicht im Gebet anhalten, bis der Durchbruch da ist. Sie mögen ein ehrliches, reines und vom Geist Gottes gewirktes Verlangen haben; aber dann müssen sie auch ausharren im Gebet, denn wenn sie sich davon ablenken lassen, dämpfen sie den Geist.

Wenn du ein solches Verlangen, einen solchen heiligen Drang, in dir wahrnimmst, dann habe auf zwei Dinge acht:

1. Dämpfe nicht den Heiligen Geist.
2. Wende dich nicht vorschnell
   anderen Gebetsgegenständen zu.

Folge der Leitung des Heiligen Geistes, bis du zu dem „ernstlichen Gebet" durchgedrungen bist, „welches viel vermag" (Jakobus 5, 16)!

Ohne den Geist des Gebetes werden Diener Gottes wenig ausrichten. Ein Diener Gottes braucht nicht viel Erfolg zu erwarten, wenn er nicht darum betet. Manchmal mögen andere den Geist des Gebetes haben und den Segen auf seiner Arbeit erlangen. Gewöhnlich aber sind diejenigen am erfolgreichsten, die selbst am meisten Gebetsgeist besitzen.

Doch nicht nur die Diener Gottes sollten den Geist des Gebetes haben. Es ist nötig, daß sich auch die Gemeinde mit ihnen vereinigt zu jenem wirksamen, inbrünstigen Gebet, das viel vermag bei Gott. „Denn um alle diese Dinge will ich gebeten sein vom Hause Israel, daß ich sie tue" (Hesekiel 36, 37).

Gebet

„Herr, mein Gott, Du hast mir durch die Lehre von Jesus, seinen Aposteln und den Propheten gezeigt, daß Du meine Gebete hören und erhören möchtest. Du willst, daß meine Gebete vor Dir etwas ausrichten zur Errettung von Verlorenen, zum Wachstum der Gnade in der Gemeinde und zur Vertiefung meiner eigenen Beziehung zu Dir. Laß mich das Gebet nicht mehr als etwas Gewöhnliches hinnehmen, sondern laß mich in der Praxis erfahren, welche Freude und Herrlichkeit darin liegt, vor Dir im Gebet durchzuhalten, bis der Sieg offenbar wird. Amen."

Das Gebet des Glaubens

„Um zu zeigen, daß Glaube für ein durchdringendes Gebet
unerläßlich ist, brauche ich nur zu wiederholen,
was der Apostel Jakobus ausdrücklich betont:
„Wenn es aber jemanden unter euch an Weisheit mangelt,
so bitte er Gott darum,
der jedem gern gibt und keine Vorhaltungen macht;
dann wird sie ihm gegeben werden.
Er bitte aber im Glauben und zweifle nicht;
denn wer zweifelt, der gleicht einer Meereswooge,
die vom Winde getrieben und hin und her geworfen wird"
(Jakobus 1, 5 f).

1. *Was wir glauben müssen, wenn wir beten*

Wir müssen an die Existenz Gottes glauben. „Wer zu Gott kommen will, der muß glauben, daß er sei und" — in seiner Bereitschaft, Gebet zu erhören — „denen, die ihn suchen, ein Vergelter sein werde" (Hebräer 11, 6). Es gibt viele, die wohl an die Existenz Gottes, nicht aber an die Wirksamkeit des Gebetes glauben. Sie behaupten, an Gott zu glauben, leugnen aber die Notwendigkeit und den Einfluß des Gebetes.

Wir müssen glauben, daß wir empfangen werden, und zwar nicht nur irgend etwas, was sich sowieso gerade ereignet, sondern eine ganz bestimmte Sache, um die wir bitten. Wir haben uns Gott nicht vorzustellen als jemand, der uns eine Schlange gibt, wenn wir ihn um einen Fisch bitten, oder der uns einen Stein gibt, wenn wir ihn um Brot bitten. Vielmehr sagt er: „Alles, was ihr bittet in eurem Gebet, glaubet nur, daß ihr's empfangt, so wird's euch werden" (Markus 11, 24).

Was den Glauben betrifft, Wunder zu tun, so liegt auf der Hand, daß die Jünger gar nicht anders konnten, als zu glauben, genau das zu empfangen, worum sie baten — daß das Erbetene auch tatsächlich eintreffen würde. Daran mußten sie glauben. Woran sollen die Leute nun hinsichtlich anderer Segnungen glauben? Ist es lediglich eine belanglose Vorstellung, daß, wenn jemand eine bestimmte Sache bittet, Gott ihm in seiner absoluten Entscheidungsfreiheit statt dessen irgend etwas gibt oder gar einem anderen irgendwo? Wenn jemand für die Bekehrung seiner Kinder betet, soll er dann glauben, daß entweder diese oder aber die Kinder eines anderen sich bekehren — daß es absolut ungewiß ist, welche? Nein, das wäre gänzlicher Unsinn und eine ausgesprochene Verunehrung Gottes. Wir sollen vielmehr im Glauben daran festhalten, daß wir auch tatsächlich die Dinge erhalten werden, um die wir bitten.

Gebet

„Lieber himmlischer Vater, das sind tiefe und bedeutsame Gedanken für mich. Ich habe immer gebetet: ‚Dein Wille geschehe‘, weil ich nicht wagte zu glauben, daß Du mir immer geben würdest, worum ich Dich bitte. Hilf mir, diese Wahrheiten ganz zu verstehen, damit ich richtig bete, das heißt um die Dinge, die in Deinem Willen liegen. Amen."

2. *Halte dich beim Beten an Gottes Verheißungen*

Der Glaube muß immer einen Grund haben. Ein Mensch kann nicht glauben, wenn er nicht einen Grund sieht, welcher dazu berechtigt. Es besteht für ihn keine Verpflichtung, und er besitzt auch kein Recht zu glauben, etwas werde eintreffen, es sei denn, daß ein Grund dafür vorhanden ist. Zu solchen Gründen gehören folgende:

1. Gott hat etwas ganz *speziell verheißen*. So hat er zum Beispiel gesagt, daß seine Bereitschaft, denen, die ihn darum bitten, den Heiligen Geist zu geben, größer ist als die Bereitschaft von Eltern, ihren Kindern Brot zu geben. Hier besteht für uns die Verpflichtung zu glauben, daß wir empfangen, wenn wir darum bitten. Du hast kein Recht, mit einem ,,Wenn" zu kommen und zu sagen: ,,Herr, wenn es Dein Wille ist, so gib uns Deinen Heiligen Geist." Das käme einer Beleidigung Gottes gleich. Ein ,,Wenn" zu Gottes Verheißungen hinzuzutun, wo er keines hingesetzt hat, würde bedeuten, Gott der Unaufrichtigkeit zu beschuldigen. Es ist, als würde man sagen: ,,O Gott, wenn es Dir ernst ist mit diesen Verheißungen, so gib uns den erbetenen Segen."

2. Die Heilige Schrift verpflichtet uns zu glauben, wo sie eine *allgemeine Verheißung* enthält, die man ohne weiteres auf einen speziellen Fall anwenden kann. Wenn der wirkliche Sinn einer solchen Verheißung die spezielle Sache, für die du betest, mit einschließt, oder wenn du den Grundsatz, der in der Verheißung zum Ausdruck kommt, ohne Probleme auf deinen Fall beziehen kannst, so hast du genügend Grund zu glauben. Nehmen wir zum Beispiel an, es ist böse Zeit, die Ungerechtigkeit nimmt immer mehr überhand, und du fühlst dich geleitet, um Gottes Eingreifen zu bitten. Auf welche Verheißung kannst du dich dabei stützen? Sicherlich auf diese: ,,Wenn der Feind hereinbrechen wird wie eine Flut, so wird der Herr eine Panier aufwerfen wider ihn" (Jesaja 59, 19, englische Übersetzung). Hier ist ein Grundsatz göttlichen Regierens erkennbar, den du auf dein An-

liegen anwenden kannst im Sinne einer Bevollmächtigung zu glaubensvollem Gebet. Und stellt sich die Frage nach dem Zeitpunkt, zu welchem Gott die Gebetserhörung schenkt, so hast du die Verheißung: „Während sie noch reden, will ich hören" (Jesaja 65, 24).

Es gibt in der Bibel allgemeine Verheißungen und Grundsätze, von welchen die Gläubigen Gebrauch machen könnten, wenn sie nur denken würden. Wenn immer du in einer Situation bist, auf die du diese Verheißungen und Grundsätze beziehen kannst, so mußt du auch Gebrauch von ihnen machen.

Ich könnte von einem Ende der Bibel bis zum anderen gehen und eine überraschende Mannigfaltigkeit von Stellen aufzeigen, die als Verheißungen anwendbar sind, Stellen genug, um zu belegen, daß Gott für alle Umstände, in welchen sich ein Gotteskind befinden kann, eine Verheißung — allgemeiner oder spezieller Art — in der Bibel vorgesehen hat, auf die es sich berufen kann und die gerade auf seinen Fall zutrifft. Viele der göttlichen Verheißungen sind absichtlich so allgemein gehalten, daß sie einen weitgestreckten Gültigkeitsbereich haben. Was könnte umfassender sein als die Verheißung: „Alles, was ihr bittet, wenn ihr betet"?

Gebet

„Herr Jesus, gib mir das Licht des Heiligen Geistes, während ich in der Heiligen Schrift nach Verheißungen forsche, die Du für mich und die Welt um mich herum bestimmt hast. Erinnere mich an das, was ich gelesen habe, wenn ich in Anfechtung und Not bin, damit ich Gebrauch von Deinen Verheißungen mache und mein Beten recht getan sei. Amen."

3. *Halte dich beim Beten an prophetische Aussagen* (Fortsetzung)

3. Die Verpflichtung, im Glauben zu beten, besteht, wenn eine *prophetische Aussage* vorhanden ist, die zeigt, daß sich der Gebetsgegenstand mit dem Willen in Einklang bringen läßt. Wenn es aus der Weissagung klar hervorgeht, daß ein bestimmtes Ereignis gewiß kommen wird, so bist du verpflichtet, es zu glauben und speziell darauf im Gebet deinen Glauben zu gründen. Wird die Zeit des Eintreffens nicht genannt in der Bibel und es bestehen auch sonst keine diesbezüglichen Hinweise, so brauchst du nicht zu glauben, daß es jetzt oder sofort geschehen wird. Ist jedoch der Zeitpunkt beschrieben oder durch das Studium der Weissagungen zu erkennen, und ist er offenbar nicht mehr weit, dann haben die Gläubigen die Pflicht, es zu verstehen und davon Gebrauch zu machen, indem sie wirklich im Glauben beten. Nehmen wir zum Beispiel Daniel und die Rückkehr der Juden aus der Babylonischen Gefangenschaft. Was sagt er? ,,Ich, Daniel, achtete in den Büchern auf die Zahl der Jahre, von denen der Herr geredet hatte zum Propheten Jeremia, daß nämlich Jerusalem 70 Jahre wüst liegen sollte" (Daniel 9, 2). Hier lernte er aus Büchern, das heißt, er studierte seine Bibel und verstand auf diese Weise, daß die Gefangenschaft 70 Jahre dauern sollte.

Was tut er nun? Läßt er es damit bewenden und sagt: ,,Gott hat sich selbst dafür verbürgt, der Gefangenschaft nach 70 Jahren ein Ende zu setzen, die Zeit ist abgelaufen, und es gibt nichts mehr zu tun?" O nein. Er sagt: ,,Und ich kehrte mich zu Gott, dem Herrn, um zu beten und zu flehen unter Fasten und in Sack und Asche" (Vers 3). Er fing unverzüglich an, um die Erfüllung zu bitten. Er betete im Glauben. Und worauf stützte er sich dabei? Auf das, was er aus der Weissagung gelernt hatte.

In der Bibel gibt es noch viele unerfüllte Weissagungen. Die Gläubigen sollten sie, soweit sie dazu imstande sind, zu verstehen suchen und dann zur Grundlage glaubensvollen Betens machen. Meine nicht — wie etliche es tun —, daß es sich erübrigt, für eine Sache zu beten, weil sie prophezeit worden ist und eintreffen wird, ob Christen nun dafür beten oder nicht. Gott sagt gerade zu dieser Art von prophezeiten Ereignissen: „Auch darin will ich mich vom Hause Israel erbitten lassen, daß ich ihnen dies tue" (Hesekiel 36, 37).

Gebet

„O Herr, leite mein Bibellesen, damit ich die Wahrheit besser erkenne und jene Worte der Prophetie, die sich auf mein Leben und die Zeit, in der ich lebe, beziehen. Führe mich in meinem Beten um die Erfüllung Deines Wortes, damit Deine Pläne für die Zukunft Wirklichkeit werden zu Deiner Verherrlichung und zum Heil von vielen. Amen."

4. *Bete, wenn Zeichen einen Segen ankündigen*
(Fortsetzung)

4. Wenn die Zeichen der Zeit oder die göttliche Fügung auf einen *besonderen Segen* hindeuten, so sind wir verpflichtet, es zu glauben. Der Herr Jesus Christus rügte die Juden und nannte sie Heuchler, weil sie Anzeichen göttlicher Vorsehung nicht verstanden. Die Anzeichen des Wetters konnten sie verstehen und erkennen, ob es regnen oder schön sein werde, aber sie konnten nicht aus den Zeichen der Zeit erkennen, daß der Augenblick gekommen war, wo der Messias kommen und das Haus Gottes aufbauen sollte.

Es gibt viele, die sich zum Glauben bekennen, aber immer straucheln und zögern, wenn etwas getan werden soll. Sie sagen immer: „Die Zeit ist noch nicht da", während andere auf die Zeichen der Zeit achten und dank ihres geistlichen Unterscheidungsvermögens auch verstehen. Solche beten im Glauben um den Segen, und er kommt!

5. Wenn der *Geist Gottes auf dir ist* und ein starkes Verlangen nach einem Segen in dir weckt, so sollst du im Glauben darum bitten. Verspürst du in einer heiligen inneren Bewegung, wie nur der Geist Gottes sie bewirkt, das Sehnen nach einem Segen, so mußt du daraus schließen, daß es sich dabei um das Wirken des Geistes handelt.

Auf dieses vom Geiste Gottes erzeugte Verlangen bezieht sich der Apostel im Römerbrief, wo er sagt: „Ebenso hilft auch der Geist unserer Schwachheit auf. Denn wir wissen nicht, was wir beten sollen, wie sich's gebührt; sondern der Geist selbst tritt für uns ein mit unaussprechlichem Seufzen. Der aber die Herzen erforscht, der weiß, was der Geist will; denn er tritt für die Heiligen ein, wie es Gott gefällt" (Römer 8, 26 f).

Wenn du darum in dir ein solches starkes Verlangen nach einem Segen verspürst, so hast du dies als einen Wink zu verstehen, daß Gott willig ist, dir diesen speziellen Segen zu geben, und darum mußt du es auch glauben. Gott spielt nicht mit seinen Kindern. Er weckt nicht in ihnen einen Hunger nach einem bestimmten Segen, um sie dann mit etwas anderem abzuspeisen. Nein, er weckt in ihnen gerade das Verlangen, das er zu stillen willig ist. Und wenn sie in sich ein solches Verlangen verspüren, dann müssen sie ihm Raum geben, bis sie den Segen erlangt haben.

Gebet

„Lieber Herr, mache mich feinfühliger für das Leben um mich her. Hilf mir, der Welt und anderen Menschen mit offenen Augen gegenüberzutreten, damit ich die Möglichkeiten zum Dienen durch Werk und Gebet erkenne. Mache mich auch feinfühliger für das Wirken und Führen des Heiligen Geistes in meinem Leben, damit ich den Unterschied zwischen dem Seufzen des Geistes und meinen eigenen Gefühlen erkenne. Amen."

5. *Gebete des Glaubens erreichen ihren Zweck*

Die ganze Geschichte der Gemeinde Jesu zeigt, daß, wenn Gott Gebet erhört, er seinem Volke gerade das gibt, worum es gebetet hat. Gott schenkt auch andere Segnungen den Heiligen wie den Sündern, um die sie gar nicht beten. Er läßt regnen über Gerechte und Ungerechte. Doch wenn er Gebete erhört, dann gibt er den Seinen, was sie erbitten. Ja, er gibt oft mehr, als sie bitten. Er gewährt ihnen nicht nur das Erbetene, sondern fügt häufig noch andere Segnungen hinzu.

Daß das Gebet des Glaubens den Segen erlangt, ergibt sich deutlich aus der Tatsache, daß unser Glaube in der Einsicht gründet, Gott will gerade diesen bestimmten Segen geben und nicht einen anderen. Doch wie können wir erkennen, daß das eine gewährt werden wird, wenn etwas anderes gewährt werden soll? Man empfängt oft mehr, als man erbittet. Salomo betete um Weisheit, und Gott gab ihm Reichtum und Ehre dazu. Ähnlich betet eine Frau viel für die Bekehrung ihres Mannes, und wenn sie wirklich das Gebet des Glaubens betet, erhört Gott nicht nur diese Bitte, sondern läßt vielleicht auch noch ihr Kind und ihre ganze Familie sich bekehren. Segnungen scheinen manchmal irgendwie zusammenzuhängen, so daß der Gläubige, wenn er die eine empfängt, sie alle bekommt.

Gebet

„O Herr, diese Worte sind schwer zu verstehen. Hilf mir, sorgfältiger zu überlegen, wofür ich im Glauben beten kann, bevor ich den Gnadenthron bestürme. Hilf mir, die Verheißungen der Bibel und ihre Weissagungen, die Zeichen der Zeit und das Seufzen des Geistes sorgfältiger zu beachten, damit ich für mein Glaubensgebet eine gute Grundlage habe. Zeige mir, Vater, wenn ich versagt und nicht das Gebet des Glaubens gebetet habe, so daß ich mehr erleben kann, daß Du meine Gebete unweigerlich erhörst. Amen."

6. *Wie man das Gebet des Glaubens betet*

1. *Du mußt zuerst Klarheit darüber bekommen, daß Gott den Segen geben will.* Wie kam Daniel dazu, das Gebet des Glaubens zu sprechen? Er forschte in der Schrift. Es geht nicht, daß du deine Bibel im Bücherregal stehen läßt und gleichzeitig erwartest, Gott werde dir seine Verheißungen offenbaren. Suche in der Heiligen Schrift und achte darauf, wo du auf eine allgemein gültige oder auf eine besondere Verheißung stößt, auf die du dich dann stützen kannst, wenn du betest. Gehe deine Bibel durch, und du wirst eine ganze Fülle von herrlichen Verheißungen finden, die du im Gebet glaubend beanspruchen kannst.

Mir sind viele bekannt, die sich vornahmen, die Bibel auf diese Sache hin durchzusehen, und die, bevor sie damit halb zu Ende waren, mit dem Geist des Gebetes erfüllt wurden. Sie stellten fest, daß Gott mit seinen Verheißungen genau das meint, was ein normal denkender Mensch darunter versteht. Ich rate dir, es auch zu versuchen. Sicher hast du Bibeln. Gehe sie durch, und wenn immer du eine Verheißung findest, die du brauchen kannst, so präge sie dir fest ein, ehe du weitergehst. Du wirst nicht durch dieses Buch hindurchkommen, ohne herausgefunden zu haben, daß Gottes Verheißungen wirklich meinen, was sie sagen.

2. *Nähre das gute Verlangen in dir.* Gotteskinder verlieren häufig ihr inneres Verlangen, weil sie es zuwenig hegen, und dann sind ihre Gebete nur Worte, ohne Inbrunst und ohne Ernstlichkeit. Auch das leiseste geistliche Verlangen muß neu genährt werden. Wenn du darum das geringste Verlangen nach einem Segen verspürst, und mag es noch so klein sein, dann gehe nicht leichtfertig darüber hinweg. Setze ein geistliches Verlangen nicht durch Oberflächlichkeit, Richtgeist oder weltliche Gesinnung aufs Spiel.

Gebet

„Herr Jesus, ich möchte Dein Wort besser kennen; ich möchte es nachdenkend lesen und auf mein Leben anwenden. Während ich jetzt im Glauben zu Dir bete, erfülle mich mit neuer Frische durch Deinen Geist, damit mein Verlangen noch stärker wird, in der Bibel zu lesen und die wunderbaren Worte des Lebens in mich aufzunehmen. Amen."

7. *Das Gebet des Glaubens*
(Fortsetzung)

3. *Völlige Übergabe an Gott ist unerläßlich für das Gebet des Glaubens.* Du mußt einen geheiligten Lebenswandel führen und alles Gott weihen: deine Zeit, deine Gaben, deinen Einfluß. Alles, was du bist und hast, soll ihm gehören. Lies nur einmal die Lebensbilder heiliger Menschen, und es wird dir sicher auffallen, daß sie von Zeit zu Zeit ihren Bund mit Gott erneuerten und sich ihm aufs neue weihten. Und jedesmal folgte unmittelbar neuer Segen.

4. *Du mußt anhalten im Gebet.* Du kannst nicht für etwas nur einmal beten, um dann aufzuhören, und das als Gebet des Glaubens bezeichnen wollen. Sieh Daniel an! Er betete 21 Tage lang und hörte nicht eher auf, bis er erhört worden war. Er suchte das Angesicht des Herrn in Gebet und Flehen mit Fasten in Sack und Asche. Drei Wochen hielt er an, und dann traf die Antwort ein. Warum kam sie nicht früher? Gott hatte einen Erzengel mit der Botschaft geschickt, aber der Satan hinderte ihn die ganze Zeit.

Beachte, was Christus in den Gleichnissen vom ungerechten Richter und von den Broten sagte. Was will er uns damit lehren? Daß Gott Gebet erhört, wenn es ernstlich ist. „Sollte Gott nicht auch seinen Auserwählten Recht verschaffen, die *Tag und Nacht zu ihm rufen?"* (Lukas 18, 7).

5. Wenn du im Glauben beten willst, so sieh zu, daß du *jeden Tag mit Gott wandelst*. Wenn du das tust, so wird er dir sagen, wofür du beten sollst. Laß dich mit seinem Geiste erfüllen, und er wird dir genug Gebetsanliegen aufs Herz legen. Er wird dir soviel Gebetsgeist geben, wie du Körperkraft hast zu tragen.

Gebet

„*O Herr, mein Gott und Heiland, ich stelle mich gerade jetzt Dir und Deinem Geiste neu zur Verfügung — meinen Sinn, mein Herz, mein Inneres, meine Gaben, meine Zeit und meinen Besitz. Ich weihe mein Leben deinem Dienst und will Dir folgen wohin du willst. Ich darf jetzt wissen, daß du völlig von mir Besitz ergreifst und mich so im Gebet leitest, daß du mich erhören kannst. Amen.*"

Der Geist des Gebetes

„Wie wenig hört man darüber klagen, daß Gotteskinder
sich nicht genug vom Heiligen Geist leiten lassen,
wenn es um das Beten geht, das nach dem Willen Gottes ist!
Laßt uns doch nie vergessen,
daß kein Gotteskind recht beten kann,
es sei denn vom Geiste getrieben.
Der Mensch hat natürliche Kraft zu beten,
und soweit der Wille Gottes geoffenbart ist,
könnte er es auch tun.
Aber er wird es niemals, es sei denn,
der Geist Gottes beeinflußt ihn.
Ebenso sind Sünder imstande, Buße zu tun,
aber sie tun es nie ohne den Einfluß des Heiligen Geistes."

1. Warum wir den Heiligen Geist brauchen

1. *Er tritt für die Heiligen ein.* Der Geist Gottes „tritt für uns ein" und „hilft unserer Schwachheit auf", wenn wir „nicht wissen, was wir beten sollen". Er hilft den Gläubigen, „nach dem Willen Gottes" oder für diejenigen Dinge zu beten, um die Gott von ihnen gebeten sein will.

2. *Wegen unserer Unwissenheit.* Denn wir wissen nicht, wie wir bitten sollen, wie sich's gebührt. Wir sind so unwissend in bezug auf den Willen Gottes, sei es auf den in der Bibel geoffenbarten oder auf den nicht geoffenbarten göttlichen Willen, den wir aus seinen Fügungen erkennen sollten. Vielfach sind die Menschen so unwissend im Blick sowohl auf die Verheißungen als auch auf die Prophezeiungen der Bibel, und dazu sind sie blind für die Fingerzeige Gottes. Aber noch mehr im dunkeln tappen sie im Blick auf die Dinge, über welche Gott nichts gesagt hat und die wir nur durch das Leiten des Heiligen Geistes erkennen. Ich habe vier Quellen der Willenskundgebung Gottes genannt, auf die wir unseren Glauben im Gebet stützen können: Verheißungen, Prophezeiungen, göttliche Fügungen und Geistesleitungen. Wenn alle anderen Mittel uns keine Weisung geben können, um was wir beten sollen, so tut es der Heilige Geist.

3. *Er tritt für uns ein, indem er unsere eigenen Fähigkeiten aktiviert.* Nicht daß er uns unmittelbar Worte eingibt oder unsere Sprache leitet, sondern er erleuchtet unseren Sinn und prägt unserem Herzen die Wahrheit ein. Er führt uns zu einer gründlichen Betrachtung aktueller Probleme wie des Zustandes der Gemeinde oder der Situation der Sünder, und das natürliche Ergebnis davon ist eine tiefe innere Bewegung. Wenn der Geist Gottes einem Menschen die Wahrheit vor die Augen stellt, so gibt es für diesen nur einen Weg, sich einer solchen inneren Bewegung zu entziehen: er wendet seine Gedanken ab und beschäftigt sich im Geist mit anderen Dingen.

Gebet

„*O Gott, sende die Kraft des Heiligen Geistes in mein Leben. Leite mich jetzt und zeige mir, wofür ich beten soll. Laß mich über solche Dinge nachdenken, die in mir eine innere Bewegung auslösen und Liebe und Erbarmen wecken zu Menschen, die Deiner Errettung bedürfen. Laß mich eine größere Liebe zur Gemeinde haben und für sie beten, daß sie ihren göttlichen Auftrag erfüllen kann. Amen.*"

2. *Der Heilige Geist und die Bibel*

Es ist der Heilige Geist, der die Gläubigen anleitet, die Verheißungen der Bibel zu verstehen und anzuwenden. Es ist verwunderlich, daß zu keiner Zeit die Gläubigen fähig gewesen sind, die Verheißungen der Heiligen Schrift auf die Dinge ihres Lebens voll und ganz anzuwenden. Der Grund dafür liegt nicht darin, daß die Verheißungen selbst dunkel wären. Die Verheißungen sind klar genug. Aber es hat schon immer eine erstaunliche Neigung bestanden, die Bibel als Quelle des Lichts für die laufenden Ereignisse im Leben zu übersehen.

Wie erstaunt waren doch die Apostel darüber, wie Christus so viele Prophezeiungen auf sich selbst anwendete! Es schien, als hätten sie eins ums andere Mal ausrufen müssen: ,,Erstaunlich! Kann das sein? Das haben wir früher gar nicht verstanden!" Wer von denen, die Zeugen davon gewesen waren, auf welche Weise die Apostel unter dem Einfluß und der Inspiration des Heiligen Geistes alttestamentliche Bibelstellen auf ihre Zeit anwendeten, war nicht verwundert gewesen über die Fülle von Wahrheiten, die sie in der Schrift fanden? So ist es manch einem Gläubigen gegangen: Während er tief im Gebet versunken war, wurden ihm Anwendungsmöglichkeiten von Bibelstellen bewußt, an die er vorher nie gedacht hatte.

So geschieht es oft, wenn laue Christen für ihre Kinder beten. Gelegentlich beten sie, voller Unsicherheit und Zweifel, und haben das Gefühl, als hätten sie keinen Grund für ihren Glauben und keine besondere Verheißung für die Kinder von Gläubigen. Aber während sie ihr Anliegen vor Gott brachten, hat er ihnen die volle Bedeutung einer bestimmten Verheißung gezeigt, und sie konnten sich darauf stützen wie auf seinen allmächtigen Arm.

Ich hörte einmal von einer Witwe, die wegen ihrer Kinder sehr beunruhigt war, bis die folgende Bibelstelle ihr stark ins Bewußtsein trat: ,,Deine Waisen, ich will sie am Leben erhalten, und deine Witwen sollen auf mich hoffen" (Jeremia 49, 11). Sie erkannte, daß dieses Wort eine erweiterte Bedeutung hatte und konnte es daraufhin für sich erfassen. Sie hielt an am Gebet, und ihre Kinder bekehrten sich. Der Heilige Geist ist vom Herrn in die Welt gesandt, um sowohl sein Volk zu leiten, zu unterweisen und an sein Wort zu erinnern, wie auch um die Welt von ihrer Sünde zu überführen.

Gebet

„Komm, Heiliger Geist, komm als Licht für den Geist und als Feuer für das Herz. Indem ich mich in Dein heiliges Gotteswort hineintauche und mich bemühe, die göttlichen Verheißungen auf mein Leben anzuwenden, erleuchte mich im Blick auf jene Wahrheiten, die mir wegen meines Konzentrations- und Gedächtnismangels verborgen sind. Wenn ich meinen Kummer und meine Freuden vor meinem Vater bringe, so lege mir Worte des Lebens ins Herz, die seit alters geschrieben sind. Amen."

3. *Der Heilige Geist und das Heil*

Der Geist Gottes leitet Gotteskinder, Dinge zu wünschen und zu erbitten, von denen nichts ausdrücklich im Wort Gottes gesagt ist. Nehmen wir den Fall eines einzelnen Menschen. Daß Gott willig ist zu retten, ist eine allgemeine Wahrheit. Ebenso ist es eine allgemeine Wahrheit, daß er willig ist, Gebet zu erhören. Aber wie soll ich den Willen Gottes in bezug auf diesen bestimmten Menschen erfahren und merken, ob ich im Glauben entsprechend dem Willen Gottes für seine Bekehrung und Errettung beten kann oder nicht? Da setzt die Wirksamkeit des Heiligen Geistes ein, der die Gläubigen so leitet, daß sie für solche Menschen beten, wenn Gottes Zeit da ist, sie zu segnen. Wenn wir nicht wissen, wofür wir beten sollen, so leitet uns der Heilige Geist, immer wieder an eine bestimmte Person zu denken, uns mit ihrer Lage zu beschäftigen, ihren Wert zu erkennen, mit ihr zu empfinden, für sie zu beten und ,,Geburtswehen" zu haben, bis sie bekehrt ist.

Ich kannte jemand, der eine Liste von Personen zu machen pflegte, um die er speziell besorgt war. Ich hatte Gelegenheit, eine Menge von Leute kennenzulernen, an denen er interessiert war, sie darum auf seine Liste setzte, und die sich bald darauf bekehrten. Ich habe ihn für Leute auf der Liste beten und buchstäblich in einem Seelenkampf für sie liegen sehen. Ich weiß, daß er bisweilen jemand anders zu Hilfe rief, für einen solchen Menschen zu beten, und daß er in seinem Geist immer wieder bei einem einzelnen verhärteten, hoffnungslosen Menschen sein konnte, der nicht auf gewöhnlichem Wege zu erreichen war. Auf diese Weise leitet der Heilige Geist einzelne Gläubige, um Dinge zu beten, um die sie ohne Geistesleitung nie beten würden, und so bitten sie denn um Dinge ,,nach dem, was Gott gefällt".

Die schlichte Wahrheit ist, daß der Heilige Geist einen Menschen leitet zu beten. Und wenn Gott jemand führt, für einen anderen Menschen zu beten, so läßt sich aus der Bibel der Schluß ziehen, daß es Gottes Absicht ist, diesen Menschen zu retten. Wenn wir uns prüfen und erkennen, daß wir vom Geist geleitet werden, für einen anderen zu beten, so haben wir guten Grund zu glauben, daß Gott bereit ist, ihn zu segnen.

Gebet

„Lieber himmlischer Vater, Du Geber von Leben und Heil, ich bitte Dich heute, daß Du mir durch die Kraft Deines Heiligen Geistes eine Person zeigst, die des Heils oder einer heilenden Berührung Deiner Hand bedarf. Ich verstehe das Geheimnis nicht völlig, daß du andere durch meine Gebete und mein Zeugnis erretten willst. Aber ich weiß, daß Du aus Deinen Kindern Deine Mit-Arbeiter machen möchtest. Amen."

4. *Der Heilige Geist und die göttliche Vorsehung*

Der Heilige Geist gibt den Gläubigen ein geistliches Unterscheidungsvermögen für den Gang und die Entfaltung der göttlichen Vorsehung. Hingegebene, betende Christen sehen diese Dinge oft in einer Klarheit und so weit voraus, daß sich andere daran stoßen. Sie scheinen manchmal fast zu weissagen. Ohne Zweifel können sich Menschen dabei täuschen und tun dies auch zuweilen, wenn sie sich auf ihren eigenen Verstand verlassen, während sie meinen, sie wären vom Geiste Gottes geleitet. Ohne Zweifel aber kann ein gläubiger Mensch dahin gebracht werden, daß er die Zeichen der Zeit klar erkennt und aufgrund der göttlichen Fügungen versteht, was zu erwarten ist, und dementsprechend im Glauben darum betet. Auf diese Weise werden sie oft geleitet, eine Erweckung zu erwarten und im Glauben darum zu beten, wenn sonst niemand anders das geringste Anzeichen davon sieht.

Ich erinnere mich an eine Frau in New Jersey, in einem Ort, an welchem es einst eine Erweckung gegeben hatte. Sie war davon überzeugt, daß es wieder eine Erweckung geben werde. Sie hätte gern gehabt, daß Konferenzversammlungen geplant würden, aber der Pastor und die Ältesten sahen keinen Grund, etwas in dieser Richtung zu unternehmen, und wollten nichts tun. Überzeugt davon, daß diese blind waren gegenüber ihrer Sicht, nahm sie selber die Dinge in die Hand. Sie beauftragte einen Zimmermann, Bänke für sie anzufertigen und erklärte, sie würde in ihrem eigenen Hause Versammlungen halten. Es werde bestimmt eine Erweckung geben. Kaum hatte sie mit den Versammlungen angefangen, als der Geist Gottes mit großer Macht herniederkam. Die schläfrigen Gemeindeglieder sahen sich bald von einer Schar erweckter Sünder umringt. Sie konnten nur gestehen: „Fürwahr, der Herr ist an dieser Stätte, und ich wußte es nicht!" (1. Mose 28, 16).

Der Grund, warum solche Menschen wie diese betende Frau die Anzeichen des Willens Gottes wahrnehmen, liegt nicht in ihrer höheren Weisheit, sondern in der Tatsache, daß Gottes Geist sie anleitete, die Zeichen der Zeit zu erkennen. Und dies geschieht nicht durch eine besondere Offenbarung, sondern durch ein Zusammentreffen der göttlichen Fügungen, die alle auf einen bestimmten Punkt hinweisen, und das ruft in diesen Menschen eine zuversichtliche Erwartung eines bestimmten Ergebnisses hervor.

Gebet

„Lieber Vater, führe mich durch die Kraft Deines Heiligen Geistes, damit ich Deine leitende Hand in den täglichen Vorkommnissen meines Lebens sowie in dem Tagesgeschehen um mich herum und in der Welt erkenne. Sende Erweckung in mein Herz, in meine Familie, in meine Gemeinde und in meinen Wohnort. Hilf mir, die Vorboten dieser Erweckung zu sehen. Mache mich willig, trotz aller Widerstände das Nötige zu tun, damit ich andere zur Hingabe an Jesus Christus führen kann. Amen."

5. Den Heiligen Geist unterscheiden

Wir sollten nicht erwarten, daß sich unser Inneres in direkter sinnenfälliger Berührung mit Gott fühlt. Wohl wissen wir, daß wir unseren Verstand frei gebrauchen und sich unsere Gedanken mit dem beschäftigen, was unsere Gefühle bewegt. Aber wir müssen nicht darauf warten, daß ein Wunder geschieht, wie wenn uns fühlbar eine Hand führen oder uns etwas ins Ohr geflüstert oder der Wille Gottes uns sonst irgendwie auf wunderbare Weise kundgetan würde.

Menschen vertreiben oft den Heiligen Geist, weil sie ihm nicht Raum genug machen und auf sein Wirken zuwenig eingehen. Sünder tun das oft unwissentlich. Sie meinen, sie müßten irgend welche besonderen Gefühle oder eine spezielle, nicht zu mißverstehende Erschütterung haben, wenn sie durch den Geist erweckt würden.

Viele Gläubige sind so unwissend über die Wirkungen des Heiligen Geistes und haben sich so wenig mit seinem Beistand beim Beten beschäftigt, daß sie es nicht erkennen und darauf eingehen, wenn er an ihnen wirkt. Alles, was wir dabei verspüren, ist ein Angeregtsein in unserem Geiste. Etwas anderes kann man nicht fühlen. Wir empfinden lediglich, daß sich unsere Gedanken intensiv mit einem bestimmten Gegenstand beschäftigen.

Oft sind Gläubige an diesem Punkt unnötigerweise verwirrt und besorgt und fürchten, nicht den Geist Gottes zu haben. Sie empfinden stark, wissen aber nicht, was die Ursache dafür ist. Sie sind besorgt über die Sünder, aber sollten sie nicht auch besorgt sein, wenn sie an deren Zustand denken? Sie müssen immer wieder über sie nachdenken, und warum sollten sie dabei nicht bekümmert sein? Nun, die Wahrheit ist, daß eben diese Tatsache, daß man fortgesetzt an sie denken muß, darauf hinweist, daß man von Gottes Geist geleitet ist.

Aber meistens denkt man nicht viel über den Zustand der Sünder nach. Man weiß, daß ihre Errettung eine stets gleich wichtige Sache ist. Aber gewöhnlich, selbst in Mußestunden, verliert man keinen Gedanken daran und empfindet nichts für sie.

Aber nun, selbst wo man mit anderen Dingen beschäftigt ist, denkt man an sie, betet für sie und fühlt mit ihnen, und das sogar bei Beschäftigungen, die zu anderen Zeiten alle Gedanken in Anspruch nehmen. Jetzt ist beinahe jeder Gedanke, den man hat: ,,Gott erbarme Dich ihrer!" Warum ist das so? Weil ihr geistlich prekärer Zustand einem ganz deutlich vor Augen steht.

Fragst du noch, was es ist, das dich Erbarmen mit den Sündern empfinden und im Gebet für sie ringen läßt? Was kann es anders sein als der Geist Gottes? Kein Teufel würde dich zu so etwas bewegen. Wenn du in deinem Inneren wirklich das Beste für andere suchst, dann mußt du das als eine Wirkung des Heiligen Geistes ansehen, der dich leiten will, entsprechend dem Willen Gottes für bestimmte Dinge zu beten.

Gebet

,,Lieber himmlischer Vater, wie oft habe ich von Dir erwartet, mehr als nötig zu tun, um mich davon zu überzeugen, daß ich den Heiligen Geist besitze oder vielmehr, daß er mich besitzt. Hilf mir, daß ich meine Gedanken und Gefühle in erbaulichen Bahnen halte. Laß mir den Bau Deines Reiches und der Dienst an den Verlorenen immer wichtig sein. Laß mich erkennen, wenn Dein Heiliger Geist mich leiten will. Amen."

6. *Den Heiligen Geist unterscheiden*
(Fortsetzung)

„Prüfet die Geister" an der Schrift. Die Leute werden bisweilen durch seltsame Vorstellungen und absurde Impulse irregeleitet. Wenn du sie mit der Bibel vergleichst, wirst du nie in die Irre geführt. Du kannst immer feststellen, ob das, was dich treibt, auf Einflüsse des Heiligen Geistes zurückzuführen ist. Du mußt es nur mit dem Wesen und der Art des Glaubens vergleichen, wie sie in der Bibel dargestellt werden. Die Bibel fordert, die Geister zu prüfen. „Ihr Lieben, glaubet nicht einem jeglichen Geist, sondern prüfet die Geister, ob sie von Gott sind" (1. Johannes 4, 1).

Es gibt eine Sorte von Gläubigen, die ausgeprägt dazu neigen, sich von spontanen Gefühlen bestimmen zu lassen, wenn sie Zeiten miterleben, wo die Herzen stark bewegt werden. Dies kann besonders dann der Fall sein, wenn viel über die Notwendigkeit und die Realität des göttlichen Einflusses, über den Geist des Gebetes, über Geistesleitung, über das Erfülltsein mit dem Heiligen Geist und ähnliches gepredigt wird. Sie haben eine falsche Vorstellung davon, wie der Geist Gottes unseren Geist beeinflußt. Sie sind sich nicht bewußt, daß er den Verstand erleuchtet und das Gotteskind, das sich seinem Einfluß öffnet, so leitet, daß all seine Ansichten und all sein Tun von Vernunft und Überlegung geprägt sind. Sie erwarten vom Heiligen Geist, daß er direkt auf ihre Gefühle wirkt und nicht durch die Vernunft. Die Folge davon ist, daß sie sich stark von Eindrücken bestimmen lassen.

Oft gelingt es Satan, sich in einen Engel des Lichts zu verwandeln und solche Menschen zu überreden, sich Impulsen und Eindrücken hinzugeben, und von da an sind sie Gefangene seines Willens.

Als allgemeine Regel möchte ich festhalten, daß sich der Einfluß Satans in diesen Dingen von jenem des Heiligen Geistes auf folgende Weise unterscheiden läßt: Man verlasse sich nicht auf den bloßen Eindruck, dieses oder jenes tun, hier- oder dorthin gehen oder mit diesem oder jenem reden zu müssen, sondern den Einfluß des Heiligen Geistes daran zu erkennen, daß dieser einem ein besonderes Interesse und Mitgefühl für bestimmte Menschen ins Herz gibt und einem eine Gebetslast für sie auflegt.

Wenn du dich gedrungen fühlst, für einzelne Menschen oder für eine bestimmte Familie zu beten und mit Flehen und unter Tränen für sie vor Gott einzutreten, dann darfst du dich getrost einem solchen Einfluß öffnen.

Gebet

„Herr Jesus, manchmal bin ich eigennützig und möchte Segnungen um ihrer selbst willen erfahren. Ich möchte den Geist in mir spüren, damit ich mich gut fühle und etwas Außergewöhnliches erlebe. Hilf mir, daß ich statt dessen aufmerksam werde auf die Nöte und Bedürfnisse von Menschen um mich herum. Hilf mir, Liebe und Erbarmen zu den körperlich und geistlich Bedürftigen zu haben. Zeige mir, wie ich ihnen auf vernünftige und liebevolle Weise helfen kann, und dann werde ich wissen, daß mich dein Geist leitet. Amen."

7. Den Einfluß des Heiligen Geistes erlangen

Der Heilige Geist muß in inbrünstigem, gläubigem Gebet gesucht werden. ,,So denn ihr, die ihr arg seid, könnt euren Kindern gute Gaben geben, wieviel mehr wird der Vater im Himmel den Heiligen Geist denen geben, die ihn bitten!" (Lukas 11, 13).

Sagt da jemand: ,,Ich habe darum gebetet, aber er kommt nicht", so kommt das davon, daß man nicht richtig betet. ,,Ihr bittet und empfanget nicht, darum daß ihr Übel bittet, nämlich darum, daß ihr's in euren Lüsten verzehren wollt" (Jakobus 4, 3). Die Motive beim Beten sind nicht richtig.

Ein prominentes Mitglied einer Gemeinde fragte einst den Pastor, was er von folgendem halte: er hätte Woche um Woche um den Geist gebetet, aber ohne jeglichen Erfolg. Der Geistliche fragte, welches denn das Motiv für sein Gebet gewesen wäre. Die Antwort war: ,,Ich wollte glücklich werden." Er wußte, daß die, die vom Geist erfüllt waren, glückliche Menschen waren, und er wollte ebenso glücklich sein wie sie. Wahrlich, der Teufel selbst könnte so beten! Das ist nichts anderes als Selbstsucht.

Gebrauche alle geeigneten Mittel, mit deren Hilfe du deinen Geist auf dieses Anliegen ausrichten kannst und dann konzentriere deine Aufmerksamkeit darauf. Wenn jemand um den Geist bittet und dann seine Gedanken wieder zu anderen Dingen ablenken läßt, so versucht er Gott und gibt sein Gebetsanliegen auf, so daß es ein Wunder wäre, wenn er erhört würde. Gott gibt einem solche Segnungen nicht, wenn man sich nicht selber ernstlich darum bemüht.

Du mußt wachsam sein zum Gebet. Du mußt Ausschau halten und sehen, ob Gott deine Bitte erhört. Oft wird gebetet, ohne daß man darauf achtet, ob das Gebet erhört worden ist.

Sei auch darauf bedacht, den Heiligen Geist nicht zu betrüben. Bekenne deine Sünden und sage dich von ihnen los, sonst wird Gott dich nie leiten wie eines von seinen Geborgenen und dich in seine Geheimnisse führen. Nicht nur immer bekennen und nie loslassen sollst du, sondern bekennen und loslassen dazu! Mache wieder gut, wo du ein Unrecht begangen hast.

Trachte danach, dem geschriebenen Gebot ganz zu gehorchen. Mit anderen Worten: Habe keine Gemeinschaft mit der Sünde. Laß es dein Ziel sein, von der Welt völlig losgelöst zu sein. ,,Darum sollt ihr vollkommen sein, gleichwie euer Vater im Himmel vollkommen ist" (Matthäus 5, 48). Solltest du überhaupt noch der Sünde unterliegen, so laß das deinen täglichen Kummer sein. Wer sich das nicht zum Ziel setzt, der meint, weiter in Sünde leben zu können. Ein solcher braucht dann aber auch keinen Segen von Gott zu erwarten, denn er hat ja nicht das aufrichtige Verlangen, Gottes Gebote alle zu halten.

Gebet

,,Komm, Heiliger Geist, bleibe Du bei mir und beeinflusse mich, indem Du immer wieder sanft meinen Geist und mein Herz berührst. Ich bekenne, daß ich Dich aus selbstsüchtigen Gründen haben wollte, aber ich sage mich jetzt von allem selbstsüchtigen Verlangen los. Ich will Dich von nun an besser kennen, um Christus in meinem Leben zu verherrlichen und andere dahin zu führen, daß sie von der Erlösung hören und sie ergreifen. Amen."

8. *Das Gebet und die Gemeinde*

Es gibt in der Gemeinde Jesu drei Klassen von Menschen, die im Blick auf unser Thema zum Irrtum neigen oder die Wahrheit aus dem Auge verloren haben:

1. Solche, die großes Vertrauen in das Gebet setzen und keine anderen Mittel gebrauchen. Schon der Gedanke an letztere versetzt sie in Beunruhigung, und sie reden dann vorwurfsvoll von einem „Erweckung-machen-wollen".

2. Solche, die wohl allerlei Mittel anwenden und beten, aber nie über die Rolle des Heiligen Geistes beim Beten nachdenken. Sie reden von der Bitte um den Heiligen Geist und sehen die Bedeutung des Geistes für die Bekehrung der Sünder ein, aber sie erkennen nicht die Bedeutung des Geistes für das Beten. Und so ist ihr Beten auch nichts als kaltes Geschwätz, das keinem Nutzen bringt und nichts mit Gott erlebt.

3. Solche, welche gewisse seltsame Vorstellungen von der Souveränität Gottes haben und erwarten, daß Gott auch ohne Gebet oder die Anwendung von Mitteln die Welt bekehrt.

Willst du dich nicht jetzt dem Gebet hingeben und so wandeln, daß du den Gebetsgeist immer in deinem Herzen hast? Wie wichtig ist doch eine betende Gemeinde! Ich weiß von einem Pastor, der 14 Winter hintereinander eine Erweckung in seiner Gemeinde erlebte. Mir war der Grund dafür verborgen, bis ich einmal eines seiner Gemeindeglieder in einer Gebetsversammlung aufstehen sah und ein Bekenntnis ablegen hörte. „Brüder", sagte er, „ich hatte lange die Gewohnheit, jeden Samstagabend bis nach Mitternacht um eine Ausgießung des Heiligen Geistes unter uns zu beten. Und nun, Brüder", fuhr er fort und begann zu weinen, „bekenne ich, daß ich es zwei oder drei Wochen vernachlässigt habe." Nun war es kein Geheimnis mehr. Der Pastor hatte eine betende Gemeinde.

Mein gegenwärtiger Gesundheitszustand verunmöglicht es mir, soviel zu beten, wie ich es zu tun pflegte, und dennoch mit dem Predigen fortzufahren, das übersteigt meine Kräfte.* Soll ich mich jetzt ausschließlich dem Gebet widmen und aufhören zu predigen? Das wäre nicht recht. Wollt nicht aber ihr, die ihr gesund seid, diese Aufgabe übernehmen und diese Last tragen und Gott im Gebet suchen, bis er seinen Segen über uns ausschüttet?

---

* Nach zehnjähriger ununterbrochener Evangelisationsarbeit war Finney zusammengebrochen und machte zu dieser Zeit nach halbjähriger Erholung den Versuch, seine Tätigkeit wieder aufzunehmen.

Gebet

„O Gott, der Du heilig, voller Liebe und Erbarmen bist, ich möchte richtig und von ganzem Herzen beten. Ich muß noch viel lernen und innerlich verarbeiten, wenn meine Gebete wirklich etwas ausrichten sollen. Ich weiß, Du erhörst sogar das schwache Gebet des Sünders. Dennoch muß die große Kraft zur Auslösung einer Erweckung und zur Verbreitung des Evangeliums den zielbewußten, vom Geist geleiteten Gebeten der Heiligen entspringen. Hilf mir, nicht das Gebet des schwachen Sünders, sondern des Heiligen zu beten, daß Dein Reich auf dieser Erde zu uns komme. Amen."

Werdet voll Geistes

„Ich möchte zeigen, daß du keine Entschuldigung hast,
wenn du nicht in der Abhängigkeit vom Heiligen Geist lebst.
Uns steht die Kraft, Gott zu gehorchen,
zur Verfügung, und wir sind auch verpflichtet,
gehorsam zu sein.
Und der Grund dafür, daß wir es nicht sind,
liegt darin, daß wir nicht willig sind."

---

1. *Du kannst und mußt den Heiligen Geist haben*

Du mußt den Heiligen Geist haben, nicht weil es eine Sache der göttlichen Gerechtigkeit ist, dir seinen Geist zu geben, sondern weil er *verheißen* hat, den Heiligen Geist denen zu geben, die darum bitten. „So denn ihr, die ihr arg seid, könnt euren Kindern gute Gaben geben, wieviel mehr wird der Vater im Himmel den Heiligen Geist geben denen, die ihn bitten!" (Lukas 11, 13). Wenn du um den Heiligen Geist bittest, so hat Gott Erhörung verheißen.

Außerdem hat Gott dir *geboten*, den Geist zu haben. In Epheser 5, 18 sagt er: „Werdet voll Geistes." Wenn Gott uns ein solches Gebot gibt, so ist das der beste Beweis, daß wir es auch halten können. Denn wenn Gott so etwas von uns fordert, so liegt darin selber schon die Garantie, daß uns dies möglich ist. Er hätte kein Recht, so etwas zu verlangen, wenn wir nicht die Kraft hätten, gehorsam zu sein. Wir müßten sonst zu der Schlußfolgerung kommen, daß Gott tyrannisch wäre, wenn er etwas gebieten würde, was sich nicht verwirklichen läßt.

Es ist deine *Pflicht, mit dem Heiligen Geist erfüllt zu sein*.

Es ist darum deine Pflicht, weil du eine Verheißung dafür hast. Gott hat es geboten.

Es ist für dein Wachstum in der Gnade wesentlich, daß du mit dem Heiligen Geist erfüllt bist.

Es ist ebenso wichtig wie deine Heiligung.

Es ist ebenso wichtig wie deine Berufung, brauchbar für Gott zu sein und Gutes in dieser Welt zu tun.

Wenn du nicht voll des Geistes Gottes bist, verunehrst du Gott und bist keine Zierde der Gemeinde.

Gebet

„Lieber Vater im Himmel, ich habe die Neigung, meinen Glauben als etwas Selbstverständliches hinzunehmen. Ich verstehe noch nicht völlig die Wichtigkeit der Gaben, mit denen Du mich ausrüsten willst um Deines Reiches willen. Ich weiß, Du willst, daß ich Dein Mitarbeiter bin, und diese Ehre und Verantwortung überwältigt und demütigt mich. Leite und erfülle mich doch jetzt, damit ich Dir dienen kann in der Kraft Deines Geistes. Amen."

2. *Hindernisse für das Erfülltsein mit dem Geiste*

1. Es kann sein, daß dein Leben voller Heuchelei ist. Deine Gebete sind nicht ernstlich und aufrichtig. Deine Gläubigkeit ist nicht nur eine äußere Schau, ohne Herz, sondern du bist auch im Umgang mit anderen unaufrichtig. So tust du vieles, das den Heiligen Geist betrübt, so daß er dich nicht erfüllen kann.

2. Andere haben ein solch leichtfertiges Wesen, daß sie der Geist nicht erfüllen kann. Der Geist Gottes ist voller Ernst und kann nicht solche erfüllen, die gedankenlos und oberflächlich sind.

3. Andere wiederum sind so stolz, daß sie nicht die Fülle des Geistes haben können. Sie haben soviel Freude am schön Gekleidetsein, an der neuesten Mode, an einer weltförmigen Lebensweise und so weiter, daß es kein Wunder ist, wenn sie nicht mit dem Heiligen Geist erfüllt sind. Und doch behaupten solche Leute, sie wüßten nicht, warum ihnen der Glaube keine Freude bringt!

4. Wieder andere sind so weltlich gesinnt, lieben irdischen Besitz und wollen unbedingt reich werden, daß sie gar keinen Raum haben für den Geist. Wie kann er in ihnen wohnen, wenn all ihr Trachten auf die Dinge der Welt gerichtet ist und sie all ihre Kräfte vom Streben nach Reichtum absorbieren lassen? Und wenn sie zu Vermögen gelangt sind und ihr Gewissen sie drängt, etwas für die Evangelisierung der Welt zu tun, so tun sie sich äußerst schwer damit.

5. Dann gibt es solche, die ihre Sünden nicht völlig bekennen und loslassen und darum nicht die Gegenwart des Geistes erleben. Sie bekennen ihre Sünde vielleicht ganz allgemein und sind stets bereit, zuzugeben, daß sie Sünder sind. Aber sie tun es mit Zurückhaltung, Stolz und Vorsicht, als hätten sie Angst, nur ein bißchen mehr zu sagen als notwendig, wenn sie bei einem Menschen beichten.

6. Manche vernachlässigen eine Pflicht, die ihnen nur allzu bewußt ist, und das ist der Grund, warum sie nicht mit dem Geist

erfüllt sind. Wenn du eine solche Pflicht vernachlässigst und dadurch den Geist des Gebetes verloren hast, so mußt du das erst in Ordnung bringen, sonst steht etwas zwischen dir und Gott. Er wird dir nie seine Fülle geben können, bis du Buße tust.

7. Vielleicht hast du dem Geiste Gottes widerstrebt. Vielleicht widerstrebst du ihm sogar gewohnheitsmäßig. Du sträubst dich wider besseres Wissen und Gewissen. Es gibt viele, die sich eine ungeschminkte und aufrüttelnde Predigt anhören, solange sie diese auf andere Leute anwenden können.

8. Tatsache ist, daß du im tiefsten Grunde gar kein Verlangen nach dem Geiste hast. Das ist immer der Fall, wenn Gläubige nicht die Fülle des Geistes haben. Wie häufig kommt es doch vor, daß Menschen aus irgendeinem Grunde etwas haben wollen, was sie sonst *im tiefsten Grunde* gar nicht begehren.

9. Vielleicht bittest du nicht um den Heiligen Geist. Oder du betest und handelst nicht in Übereinstimmung damit. Es kann auch sein, daß du betest, und sobald der Geist kommt und in dir wirkt, betrübst du ihn sofort und willst nicht mit ihm wandeln.

Gebet

„O Gott, möge ich mir doch Zeit nehmen, um mich und die Motive für mein Verhalten und für mein Bitten um den Geist zu prüfen. Es gibt so manche Dinge, die ich nicht drangeben will für den Geist, und darum bin ich oft auch nachsichtig gegenüber diesen Dingen, die den Geist Gottes vertreiben. Laß das Licht Deiner Wahrheit in mein Leben hineinleuchten, wenn ich in den Gottesdienst gehe, die Bibel lese, bete und Dir dienen will. Wecke mein Gewissen auf, damit ich erkenne, was die innere Leere in mir verursacht, und stärke mich, wenn ich mein Leben in Einklang mit Deinem Willen bringen will. Amen."

3. *Folgen des Erfülltseins mit dem Geist*

Wahrscheinlich wird man dich als „überspannt" bezeichnen, wenn du mit dem Heiligen Geist erfüllt bist. Ich habe kaum einen gekannt, der geisterfüllt war und nicht als überspannt betrachtet wurde. Der Grund dafür ist, daß solche Menschen so ganz anders sind als die übrigen.

Es besteht darum der beste Grund dafür, wenn solche Leute als überspannt erscheinen. Sie lassen sich in ihrem Handeln von anderen Einflüssen bestimmen, es sind andere Beweggründe, die sie treiben, sie werden von einem anderen Geist geleitet. Man muß also damit rechnen, als überspannt angesehen zu werden.

Es gibt auch so etwas wie eine affektierte Überspanntheit. Schrecklich! Aber es gibt wirklich ein solches Durchdrungensein vom Geiste Gottes, daß du in einer Weise handeln mußt und willst, daß es in den Augen solcher, die den Grund deines Verhaltens nicht verstehen können, tatsächlich als seltsam und exzentrisch erscheint.

Wenn du etwas von der Geistesfülle kennst, dann ist es sehr wahrscheinlich, daß du von manchen als verrückt angesehen wirst. Im allgemeinen bezeichnen wir solche als verrückt, die nicht nach dem handeln, was wir als üblich betrachten, und die zu Schlüssen kommen, für die wir keinen Grund erkennen. Auf diese Weise sind schon ganze Scharen von Christen für verrückt gehalten worden von solchen, die kein Leben aus Gott haben. Diese Christen aber wußten wohl, was sie taten. Gott leitete sie, in einer Weise zu handeln, daß Ungläubige die Gründe dafür nicht erkennen konnten.

Wenn du mit dem Geiste erfüllt bist, mußt du damit rechnen, angesichts des Zustandes der Gemeinde und der Welt großen Kummer in deinem Herzen zu empfinden. Manche frommen Genießer bitten um den Heiligen Geist, weil sie glauben, er werde sie vollkommen glücklich machen. Etliche meinen, daß geisterfüllte Christen immer frei von Kummer sind. Einen größeren Fehler kann man kaum machen.

Lies deine Bibel und schau einmal an, wie die Propheten

und die Apostel in Anbetracht des Zustandes der Kirche und der Welt unablässig seufzten und bekümmert waren. Der Apostel Paulus sagt: „Wir tragen allezeit das Sterben Jesu an unserm Leibe" (2. Korinther 4, 10) und: „Ich sterbe täglich" (1. Korinther 15, 31).

Je mehr du mit dem Geist erfüllt bist, desto mehr wirst du auch mit dem Herrn Jesus fühlen und mit der Taufe getauft werden, mit der er getauft wurde. Je mehr du mit dem Geist erfüllt bist, um so bewußter wird dir der Zustand der Sünder und desto bekümmerter bist du ihretwegen.

Gebet

„Herr Jesus, laß mich nicht furchtsam sein, sondern zuversichtlich um eine Ausgießung Deines Heiligen Geistes über mich bitten. Laß mich keine Angst haben und nicht zurückschrecken vor dem Spott der andern, sondern laß mich willig sein, für Dein Reich einzutreten. Laß mich mehr erfahren, daß der Heilige Geist mich zu größerer Weisheit und Liebe führen möchte, auch wenn Deine Weisheit und Liebe für die Welt eine Torheit ist. Amen."

4. *Folgen des Erfülltseins mit dem Geist*
(Fortsetzung)

Je mehr du mit dem Geist erfüllt bist, desto mehr mußt du damit rechnen, auf Widerstand sowohl in der Gemeinde wie auch in der Welt zu stoßen. Sehr wahrscheinlich werden dir die Verantwortlichen der Gemeinde Widerstand entgegenbringen. So war es auch, als Jesus auf Erden weilte. Wenn du dem inneren Zustand gewisser Gemeindeglieder weit voraus bist, werden sie gegen dich eingestellt sein. ,,Alle, die gottesfürchtig leben wollen in Christus Jesus, müssen Verfolgung leiden" (2. Timotheus 3, 12). Oft sind es in solchen Fällen die Ältesten und sogar der Pastor, die dir entgegentreten werden, wenn du mit dem Geiste erfüllt bist.

Du mußt dich auf häufige und intensive Angriffe Satans gefaßt machen. Satan hat wenig Mühe mit jenen Christen, die nicht geistlich, dafür aber lau und träge und weltlich gesinnt sind. Und solche verstehen gar nicht, was geistliche Kämpfe sind.

Aber von geistlichen Christen weiß er genau, daß sie ihm schaden können; darum macht er sie zu seiner Zielscheibe. Solche Gläubige machen oft schwere Kämpfe durch. Sie erleben Versuchungen, die ihnen vorher unbekannt waren: lästerliche, antigöttliche Gedanken, Einflüsterungen, etwas Schlechtes zu tun, sich das Leben zu nehmen und ähnliches mehr. Wenn man geistlich gesinnt ist, muß man mit derartigen Kämpfen rechnen.

Man wird in größere Konflikte mit sich selbst geraten, als man je gedacht hat. Bisweilen wird man feststellen, daß sich die verderbte Natur des alten Menschen mit seltsamer Heftigkeit gegen den Geist wehrt. ,,Denn das Fleisch streitet wider den Geist und der Geist wider das Fleisch" (Galater 5, 17). Solch ein Gotteskind ist manchmal regelrecht konsterniert über die Kraft, die seine eigene Verderbtheit hat.

Gebet

„Lieber himmlischer Vater, meine Erwartungen in bezug auf das Glaubensleben waren so gänzlich anders als das, was ich erfahren habe, seit ich anfing, es ernst zu nehmen mit den göttlichen Dingen, und zwar so sehr, daß es mich verwirrt und an der Substanz meines Glaubens gezehrt hat. Hilf mir, für die zu beten, die gegen mich eingestellt sind, und steh mir bei, daß ich still sein kann und daß, wenn ich rede, mich der Geist der Liebe und der Vernunft treibt. Laß mich nicht gegen andere ausschlagen, nur weil Satan gegen mich ausschlägt. Amen."

5. Der Segen des Erfülltseins mit dem Geist

1. Du wirst im Frieden mit Gott sein, auch wenn Gemeindeglieder, Ungläubige und der Satan gegen dich sind. Alle, die zu diesen Anfechtungen und Kämpfen berufen sind und die seufzen, beten, weinen und denen das Herz schier bricht, mögen daran denken: der Friede in dir, soweit es deine Empfindungen Gott gegenüber angeht, wird sein wie ein Strom.

2. Ebenso wirst du auch Frieden in deinem Gewissen haben, wenn du vom Geist geführt bist. Du wirst nicht ständig von einem schlechten Gewissen geplagt sein. Es wird still und ruhig in deinem Gewissen sein wie das Wasser eines Sees zur Sommerzeit.

3. Wenn du mit dem Geist erfüllt bist, wirst du brauchbar sein im Reiche Gottes. Es kann gar nicht anders sein. Sogar wenn du krank wärst und nicht imstande, dein Zimmer zu verlassen, und wenn du niemanden sähst und mit keinem reden könntest, so bist du dann immer noch brauchbarer für Gott als hundert Christen, die geistlich nicht lebendig sind.

Um eine Vorstellung davon zu vermitteln, will ich eine kleine Begebenheit erzählen. Ein gläubiger Mann hier in der Gegend war arm und seit vielen Jahren leidend. Ein unbekehrter Kaufmann, der am gleichen Ort wohnte und ein gutes Herz hatte, pflegte dem Kranken ab und zu etwas für sich oder für seine Familie zu schicken. Dieser war sehr dankbar dafür, wußte aber nicht, wie er die Freundlichkeit seines Gönners so erwidern könnte, wie er es wünschte.

Schließlich kam er zu dem Schluß, daß es wohl die beste Erwiderung wäre, für den Kaufmann zu beten. Der Geist des Gebetes entzündete sein Herz, und er fing an, für diesen Mann vor Gott einzustehen. Zwar stellte sich zunächst keine Erweckung ein, aber eines Tages kam es soweit, daß sich der Kaufmann zum Erstaunen aller zum Herrn bekannte. Und nun breitete sich das geistliche Feuer am ganzen Ort aus, eine mächtige Erweckung war die Folge, und Scharen bekehrten sich.

4. Wenn du erfüllt bist mit dem Geist, dann wirst du nicht bekümmert, vergällt und beunruhigt sein, wenn die Leute etwas gegen dich reden.

5. Du wirst weise sein in der Wahl von Mitteln, wenn es um die Bekehrung von Ungeretteten geht. Wenn der Geist Gottes in dir ist, wirst du Mittel und Methoden so gebrauchen, daß sich niemand unnötig verletzt fühlt.

6. In Anfechtung und Trübsal wirst du ruhig bleiben und nicht den Kopf verlieren, wenn du die Stürme über dich hinwegbrausen siehst.

7. Du wirst dich vor dem Tod nicht fürchten und immer bereit sein zu sterben, und nach dem Sterben wird die Glückseligkeit im Himmel entsprechend groß sein.

Gebet

„O Herr, Du Allerhöchster, erfülle mich mit Deinem Geist. Ich komme nicht aus egoistischen Beweggründen zu Dir, sondern mit dem echten Verlangen, Dich und Deinen Sohn Jesus Christus zu verherrlichen. Mein Leben wird oft von Anfechtung und Stürmen heimgesucht, aber ich weiß, daß ich durch die Gegenwart Deines Geistes ruhig und ein standhaftes Zeugnis sein kann für den Frieden, der alle Vernunft übersteigt. Ich bitte es in Jesu Namen. Amen."

6. *Die Folgen geistlicher Leere*

1. Du wirst oft und begreiflicherweise daran zweifeln, ob du ein Gotteskind bist. Du wirst solche Zweifel haben, und du solltest sie auch haben, denn Kinder Gottes werden von seinem Geist getrieben, und wenn du nicht von seinem Geist getrieben wirst, mit welcher Begründung hältst du dich dann für ein Kind Gottes?

2. Du wirst immer unklare Vorstellungen vom Gebet des Glaubens haben. Das Gebet des Glaubens ist etwas so Geistliches und so sehr eine Sache der Erfahrung und nicht der Spekulation, daß es dir unverständlich bleibt, es sei denn, du selbst bist geistlich gesinnt.

3. Wenn du nicht mit dem Geiste erfüllt bist, wirst du stark dazu neigen, dich an denen zu stoßen, die es sind. Du wirst ein Fragezeichen hinter ihrem Verhalten machen. Wenn ihr Inneres viel stärker bewegt ist, als es bei dir der Fall ist, sprichst du vielleicht abschätzig davon. Es kann auch sein, daß du ihre Aufrichtigkeit anzweifelst, wenn sie von dem reden, was sie empfinden.

4. Du wirst bei den ungebeugten und fleischlichen Christen in gutem Ansehen stehen. Sie werden dich als ,,nüchternen, rechtgläubigen und beständigen Christen'' loben. Du wirst genau in der richtigen Verfassung sein, dich ihnen anzuschließen, denn du bist darin ja einer Meinung mit ihnen.

5. Die Furcht vor Fanatismus wird dich sehr beunruhigen. Wo immer ein erwecklicher Aufbruch stattfindet, witterst du ,,eine starke Tendenz zum Fanatismus'', und du wirst voller Befürchtungen und Bedenken sein.

6. Dich werden gewisse Maßnahmen beunruhigen, die in Erweckungsversammlungen getroffen werden. Sind sie konsequent und direkt, so ist das für dich ,,wieder so etwas Neues'', und du stolperst darüber im Verhältnis zu deinem geistlichen Zustand.

7. Du wirst ein Schandfleck für den Glauben sein, wenn dich die Unbußfertigen dafür loben, daß du so bist wie sie, und manchmal werden sie über dich lachen, weil du solch ein Heuchler bist.

8. Du wirst nicht viel von der Bibel wissen.

9. Wenn du nicht durch den Geist wiedergeboren bist, so gehst du zur Hölle. Darüber kann kein Zweifel bestehen. Ohne den Geist Gottes wirst du nicht für den Himmel bereit sein.

Gebet

„Herr, ich bitte um jene geistliche Beständigkeit, die eine Frucht des Erfülltseins mit Deinem Geiste ist. Manche der Folgen geistlicher Leere finde ich auch bei mir und ich weiß, daß mein Schaden nur geheilt werden kann, wenn Du mir die Kraft Deines Heiligen Geistes schenkst. Ich übergebe Dir jetzt mein Leben neu und erwarte ein neues geistliches Erwachen in mir, während ich von Deiner Wahrheit lerne und sie in meinem täglichen Leben praktiziere. Amen."

7. *Die Notwendigkeit des göttlichen Einflusses*

Ich habe mir überlegt, daß oftmals zuwenig Nachdruck auf die Notwendigkeit des göttlichen Einflusses auf die Herzen von Gläubigen und Ungeretteten gelegt wird. Ich selber habe wohl manches Mal in dieser Hinsicht gefehlt.

Im Bemühen, Ungerettete und Rückfällige aus ihren Selbstrechtfertigungsversuchen und Ausflüchten herauszureißen, habe ich — wie zweifellos andere auch — gelegentlich zu sehr die natürliche Fähigkeit des Sünders, das Heil ergreifen zu können, betont und es vernachlässigt, ihnen die Natur und das Maß ihrer Abhängigkeit von der Gnade Gottes und vom Einfluß seines Geistes zu zeigen.

Dadurch ist sicher der Heilige Geist betrübt worden. Wo sein Einfluß nicht genügend beachtet und ihm dafür nicht die Ehre gegeben wird, hält er seinen Einfluß zurück. So sind viele durch die angewendeten Mittel und Methoden stark angesprochen worden und haben neue Hoffnung geschöpft, ohne jedoch die Notwendigkeit der Gegenwart und mächtigen Wirksamkeit des Heiligen Geistes je erkannt zu haben. Es ist kaum nötig zu sagen, daß man solche Hoffnungen lieber wieder fahren lassen sollte, als sie zu behalten. Es wäre wirklich seltsam, wenn man ein Glaubensleben auf der Grundlage einer Erfahrung führen könnte, bei welcher man nicht erkennt, daß der Heilige Geist etwas damit zu tun hat.

Es sei denn, daß sich die Verantwortlichen neu auf das Werk des Geistes besinnen, daß die Geistlichen im Heiligen Geist getauft werden, daß wir wach werden, die geistliche Waffenrüstung im Kampf anlegen und daß wir uns salben lassen mit dem Öl des Heiligen Geistes, so steht es uns nicht wohl an, aus der Distanz umherzuschauen, um nach dem Grund für das Ausbleiben von Erweckungszeiten zu forschen.

Gebet

„O Herr, die Erkenntnis von der Notwendigkeit des göttlichen Einflusses auf mein Leben liegt jetzt wie eine Last auf mir. Ich möchte in wirklicher Kraft Zeugnis ablegen, so daß Gefangene Satans frei werden. Aber ich weiß, das es keine Befreiung gibt außer durch den Einfluß Deines Geistes. Hilf, daß keines Menschen Zukunft oder ewiges Heil durch meinen Mangel an Gebet oder durch mein Versagen, mich in meinem Zeugnis von Deinem Geist leiten zu lassen, blockiert wird. Amen."

Zum Beten zusammenkommen

„Bis jetzt habe ich mich
bei der Behandlung des Themas ‚Gebet'
auf das Beten im stillen Kämmerlein beschränkt.
Nun möchte ich etwas bemerken
zum Beten in der Gemeinschaft,
wo zwei oder drei sich zum Gebet zusammenfinden.
Solche Zusammenkünfte sind seit der Zeit Christi üblich,
und es ist wahrscheinlich,
daß Gottes Volk schon immer die Gewohnheit hatte,
zum gemeinsamen Bitten zusammenzukommen,
wenn es Anlaß und Gelegenheit dazu hatte."

1. *Der Zweck des öffentlichen Gebetes*

1. Wenn mehrere Personen sich zu gemeinsamen Gebet zusammenfinden, so besteht eine der Wirkungen darin, daß die Einheit unter den Gläubigen gefördert wird. Kaum etwas anderes schweißt die Herzen von Gotteskindern so zusammen, wie wenn sie zusammen beten. Bei kaum einer anderen Gelegenheit erleben sie die Liebe untereinander so sehr, als wenn sie voreinander ihre Herzen im Gebet ausschütten.

2. Durch öffentliches Beten kann der Geist des Gebetes von einem Gläubigen auf den anderen übergehen. Gott hat uns so geschaffen — und das entspricht auch der Wirkungsweise seiner Gnade —, daß wir anteilnehmende Wesen sind und uns gegenseitig unsere Gefühle mitteilen. Nichts ist geeigneter, den Geist des Gebetes hervorzubringen, als wenn man sich im Gebet mit jemand vereinigt, der diesen Gebetsgeist besitzt, es sei denn, das Gebetsniveau des Betreffenden ist so hoch, daß die anderen nicht mehr Schritt halten können. Durch sein Gebet werden auch sie wach zu intensiverem Beten, wenn sie nicht so weit hinter ihm zurückbleiben, daß sie sich dagegenstellen.

3. Ein weiterer bedeutender Zweck des gemeinsamen Betens besteht darin, Herz und Arm Gottes zu bewegen. Das heißt nicht, daß es Gottes Sinn und Empfindungen ändern könnte. Aber wenn die Gläubigen in der rechten Weise beten, sind sie in jener inneren Verfassung, daß Gott sie auch segnen kann.

4. Ein wichtiger Zweck von Gebetsversammlungen ist auch die Überführung und die Bekehrung von Ungeretteten. Wenn eine Gebetsversammlung richtig geleitet wird, ist sie sehr wohl dazu geeignet, diese Wirkung hervorzubringen. Im allgemeinen verhalten sich Ungerettete ehrfurchtsvoll, wenn sie Gläubige beten hören. Wo echter Gebetsgeist herrscht, müssen Ungläubige das auch spüren. Sobald Gotteskinder anfangen zu beten, wie sie sollten, merken die anderen, daß hier wirklich gebetet wird, und sie beginnen, sich unbehaglich zu fühlen. Sie haben noch kein

Verständnis für geistliche Lebensäußerungen, weil sie so etwas nicht erfahren haben. Wenn Kinder Gottes im Glauben beten, wird der Geist Gottes ausgegossen, und Sünderherzen schmelzen und bekehren sich auf der Stelle.

Gebet

„Lieber himmlischer Vater, gib mir eine Möglichkeit, Gebetsgemeinschaft mit anderen zu haben. Laß mich zwei oder drei Gleichgesinnte finden, damit wir in der Einigkeit des Geistes füreinander und für das Wachstum Deines Reiches beten. Bringe uns dahin, wo wir willig sind, jeden Segen zu empfangen, den Du uns geben willst. Laß uns dann auch noch weitere Menschen finden, die die Glaubensfreude in Deinem Sohn Jesus Christus, dem Heiland der Welt, kennenlernen. Amen."

2. Wie man öffentliches Beten leitet

Oft ist es gut, eine Gebetsversammlung mit einer kurzen Schriftlesung zu beginnen, besonders wenn der Versammlungsleiter einen Text wählt, der einen Bezug auf die Gebetsanliegen hat oder zur aktuellen Situation paßt.

Man ziehe das Lesen des Wortes Gottes nicht so in die Länge, daß die Versammlung zu einer bloßen Form erstarrt. Das wäre eine Beleidigung Gottes. Es ist nicht gut, mehr zu lesen, als für die Gebetsanliegen nötig ist. Das Ziel in einer Gebetsversammlung sollte sein, die Gläubigen dahin zu bringen, daß sie für ganz bestimmte Dinge beten. Zu viele verschiedene Gebetsgegenstände würden nur von diesem Ziel wegführen.

Ein passender Weg wäre, wenn derjenige, der die Zusammenkunft leitet, mit kurzen, treffenden Worten auf den Sinn des Betens und auf die Aufmunterung in der Bibel zum Beten hinweist, um dann ohne Umschweife den Anwesenden die Gebetsanliegen zur Kenntnis zu bringen. Anschließend sollte er an eine Verheißung oder an ein biblisches Prinzip erinnern, um die Gläubigen zu ermutigen, die Erhörung ihrer Gebete zu erwarten. Läßt sich in den aktuellen Geschehnissen ein Anzeichen göttlicher Fügung oder des souveränen göttlichen Regierens erkennen, so sei auch darauf hingewiesen.

Dann überlasse man die Versammlung dem Geiste Gottes. Wer beten möchte, den soll man beten lassen. Wenn der Leiter etwas bemerkt, das richtiggestellt werden sollte, so tue er dies freimütig und freundlich, um dann anschließend weiterbeten zu lassen.

Sollte es notwendig sein, einzelne zum Beten aufzurufen, so ist es am besten, zuerst solche aufzufordern, die am geistlichsten sind.

Die Gebete sollen sehr kurz gehalten sein. Jeder sollte nur für eine einzige Sache beten. Wenn es sich im Laufe der Gebetsversammlung als notwendig erweist, den Gebetsgegenstand zu wechseln, so soll der Leiter darauf aufmerksam machen und es mit wenigen Worten erklären. Wichtig ist auch, daß die Zeit in der Regel gut ausgenutzt wird und keine großen Lücken entstehen. So etwas könnte einen schlechten Eindruck machen und dämpfend auf die Versammlung wirken.

Außerordentlich wichtig ist es, daß der Leiter der Gebetsversammlung eventuell anwesende Ungläubige ernstlich auffordert, ohne Aufschub ihre Sünden vor Gott zu bereuen und Buße zu tun. Die Gläubigen sollte er dazu anhalten, so zu beten, daß die Ungeretteten spüren, jetzt erwartet man, daß sie sich vor Gott in Buße beugen. Das trägt dazu bei, die Herzen der Gotteskinder mit Erbarmen und Liebe zu den Seelen zu erfüllen.

Gebet

„O Herr, in meinem Schlafzimmer oder in meinem Büro bete ich oft, aber ich sehne mich danach, mit anderen zusammen für bestimmte Dinge und um besondere Segnungen beten zu können. Zeige mir bitte gleichgesinnte Gotteskinder, mit denen zusammen ich in diesem Sinne und im Glauben so beten kann, daß Du Dein Ja dazu sagen kannst. Amen."

3. *Hindernisse für öffentliches Beten*

Wenn es unglücklicherweise gerade dem Versammlungsleiter an gläubiger Zuversicht fehlt, so muß man nicht viel erwarten. Was immer auch der Grund dafür sein mag, und ob es seine Schuld ist oder nicht, jedenfalls setzt schon der Umstand, daß er die Gebetsversammlung leitet, dieser einen Dämpfer auf und läßt nicht viel Positives erhoffen.

Mangelt es dem Leiter an echter Geistlichkeit, wird seinen Ausführungen und Gebeten Leben und Wärme fehlen. Alles läßt auf den Mangel an Salbung schließen, und der Einfluß, der von ihm ausgeht, wird genau das Gegenteil von dem sein, was er sein sollte. Es kann auch sein, daß dem Leiter die geeignete Fähigkeit abgeht. Jemand kann gläubig, aber so unbeholfen sein, daß seine Gebete eher abstoßen, anstatt zu erbauen.

Bisweilen wird der Gewinn einer Gebetsstunde durch den unguten Geist des Leiters zunichte gemacht. Da ist zum Beispiel eine Erweckung, aber auch viel Widerstand dagegen. Wenn nun der Leiter der Gebetsversammlung aufsteht und die längste Zeit von diesen Widerständen redet, so lenkt er die Versammlung von ihrem eigentlichen Ziel ab und merkt nicht einmal, wessen Geistes er ist. So etwas wird eine Gebetsversammlung unweigerlich ruinieren. Wenn ein Geistlicher im Verlaufe einer Erweckung anfängt, gegen die Opposition zu predigen, wird er der Erweckung das Grab schaufeln und die Herzen der Gläubigen vom eigentlichen Anliegen ablenken.

An manchen Orten ist es üblich, eine Gebetsversammlung mit einer langen Schriftlesung anzufangen. Dann kündigt ein Ältester oder Diakon ein langes Lied an. Als nächstes singen sie dieses. Anschließend spricht er ein langes Gebet, er betet für die Juden und die Vollzahl der Heiden und für viele andere Dinge, die mit dem Anlaß der Versammlung überhaupt nichts zu tun haben. Vielleicht liest er nun noch einen langen Abschnitt aus dem Buch oder einer Zeitschrift vor. Es wird ein zweites langes Lied gesungen und noch einmal ein langes Gebet gesprochen, und dann gehen die Leute heim.

Alles, was den Charakter einer Streitfrage hat, sollte in einem Gebet unterlassen werden, wenn es nicht der Zweck der Gebetsversammlung ist, diese Angelegenheit zu regeln. Der Verantwortliche und andere sollten sich mehr Mühe geben, aufmerksam auf die Führungen des Geistes Gottes achtzugeben. Man sollte nicht den Geist Gottes dämpfen, nur um die gewohnte Art des Betens zu bewahren.

Wenn jemand, der zum Beten aufgefordert wird, dies nicht tut, so stört das eine Gebetsversammlung. Gebetsversammlungen sind nicht selten auch zu lang. Sie sollten geschlossen werden, wenn die Gläubigen müde und nicht mehr mit dem Herzen dabei sind. Es ist auch nicht gut, wenn Gläubige die ganze Zeit nur für sich selber beten. Das hätten sie zu Hause tun sollen. Wenn sie in eine Gebetsstunde kommen, sollten sie sich darauf einstellen, für andere zu beten.

Fehlendes Einssein im Gebet verdirbt eine Gebetsstunde, das heißt, wenn einer betet, die anderen aber nicht mitgehen, weil sie an etwas anderes denken. In ihrem Herzen beten sie nicht mit und sagen nicht Amen dazu.

Ein mangelhaftes Gebetsleben ist ein weiteres Hindernis. Gläubige, die im stillen Kämmerlein nicht beten, haben keinen Gebetsgeist, und ihre öffentlichen Gebete besitzen keine Kraft.

Gebet

„Lieber Vater, es gibt soviel über das Gebet zu lernen. Es gibt viele hilfreiche Grundsätze, aber auch gefährliche Fallstricke. Laß mich nicht so sehr bedacht sein auf den ‚Buchstaben des Gesetzes‘, sondern auf den ‚Geist des Gesetzes‘, damit das Gebet in meinem eigenen Leben und bei den anderen, die mit mir zusammen beten, zu einer wirkungsvollen Kraft wird. Amen."

4. Die Notwendigkeit des öffentlichen Betens

An einer Gebetsversammlung kann man den Stand des geistlichen Lebens einer Gemeinde erkennen. Wird die Gebetsversammlung vernachlässigt oder ist kein Gebetsgeist zu spüren, so erkennt man unschwer, daß der geistliche Zustand auf einem niedrigen Niveau ist. Ich brauche nur in eine Gebetsversammlung zu gehen, um zu sehen, in was für einem geistlichen Zustand sich die Gemeinde befindet.

Jeder Pastor sollte wissen, daß alle seine Mühe umsonst ist, wenn die Gebetsstunde vernachlässigt wird. Alles, was er unternimmt, um den geistlichen Zustand der Gemeinde zu verbessern, wird nichts fruchten, wenn er nicht die Gläubigen zum Besuch der Gebetsstunde bewegen kann.

Eine große Verantwortung ruht auf demjenigen, der eine Gebetsstunde leitet. Ist sie nicht das, was sie sein sollte, und wird durch sie der geistliche Zustand der Gemeinde nicht besser, so sollte er sich ernstlich aufmachen und nachforschen, was denn eigentlich los ist. Er sollte auch sich selber mit dem Geist des Gebetes erfüllen lassen und sich darauf vorbereiten, mit passenden Worten das Problem anzusprechen und die Dinge zu klären. Wenn ein Leiter nicht bereit ist, mit diesem Ziel seine Gedanken und sein Herz vorzubereiten, dann taugt er nicht dazu, Gebetsstunden zu leiten.

Gebetsstunden sind die wichtigsten Versammlungen für die Gemeinde. Es ist von größter Wichtigkeit für Gläubige, die Gebetsstunden zu unterstützen, um 1. die Einheit zu fördern, 2. die brüderliche Liebe zu mehren, 3. die Glaubenszuversicht zu nähren, 4. ihr eigenes Wachstum in der Gnade zu fördern und 5. das geistliche Leben sich entwickeln zu lassen.

Es sollte so viele Gebetsstunden in der Gemeinde geben und die Art ihrer Durchführung so beschaffen sein, daß jedes Gemeindeglied, ob Mann oder Frau, seine Gaben gebrauchen kann. Ein jeder sollte Gelegenheit haben, zu beten und seine Empfindungen auszudrücken. Eine Möglichkeit besteht darin, daß sich die Anwesenden in Gebetsgruppen aufteilen, so daß alle zum Zuge kommen und ihre Gaben und Beiträge einbringen und die Einheit und die brüderliche Liebe unter allen Teilnehmern an einer Gebetsversammlung zum Tragen kommen.

Gebet

"Lieber Vater im Himmel, wenn es in meiner Gemeinde keine Gebetsstunde gibt, so laß mich mit einer anfangen. Ich bete darum, daß mein Pastor und die Verantwortlichen meiner Gemeinde die Notwendigkeit einsehen, daß wir in irgendeiner Weise zum Beten zusammenkommen sollten. Vielleicht, o Herr, haben andere schon auf mich gewartet, daß ich den Vorschlag zu einer wöchentlichen Gebetszeit mache. Öffne die Herzen meiner Glaubensgeschwister für solch einen Vorschlag. Zeige mir den Weg, um mit einem solchen Dienst zur Förderung der Evangelisation zu beginnen. Amen."

Weitere empfehlenswerte Bücher:

DIE APOKALYPSE KOMMT
William Goetz — 270 Seiten, DM/Sfr. 11.80

Es bedarf heute keiner besonderen Gabe mehr, um den Tod unserer Zivilisation zu erkennen. Energiekrise, Bevölkerungsexplosion, nukleare Aufrüstung, Umweltverschmutzung... Trotz einer realistischen und sachlichen Betrachtung all dieser Tatsachen, bleibt der Autor nicht in einer Resignation stecken. Jedes Menschenleben ist enorm wertvoll in dem einen, großen und wunderbaren Plan Gottes.

DER II. EXODUS
Steven Lightle / Eberhard Mühlan — 175 Seiten, DM/Sfr. 7.95

Trotz zahlreicher Bibelstellen blieb ein aktuelles Thema lange verborgen: Der Auszug der Juden aus „dem Lande des Nordens" der UdSSR. Weltweit hat Gott Christen und Juden berufen, sich auf dieses endzeitliche Großereignis vorzubereiten. Nebst einer gründlichen Exegese schildern die Autoren ihre Begegnungen mit Gläubigen, die konkret an der Vorbereitung beteiligt sind.

DAS GEBET DES GLAUBENS
Andrew Murray — 80 Seiten, DM/Sfr. 5.80

Kaum etwas anderes läßt die Wirklichkeit Gottes so erregend erfahrbar werden wie das Beten, das Erhörung findet. Man wird dieses Buch von Andrew Murray — ein Klassiker der biblischen Literatur — mehr als einmal lesen wollen, wenn man erkennt, daß hier gottgegebene Möglichkeiten aufgezeichnet werden, die das Normalleben eines Christen sein sollten.

ALS DIE ROTE STURMFLUT KAM
Todd und DeAnn Burke — 330 Seiten, DM/Sfr. 9.80
(Neu als Taschenbuch)

Die Autoren geben einen spannenden Bericht über das Leben der Kambodschaner, ehe das Land in die Hände der Roten Khmer fällt. Sie enthüllen das wunderbare Eingreifen Gottes und bringen Beweise der Kraft, die ein schlichter Glaube hervorbringen kann.

WEISS ZUR ERNTE
Reinhard Bonnke — 144 Seiten, DM/Sfr. 7.95

Bonnke ging 1967 als Missionar nach Südafrika, wo er später die „Afrika-Mission" gründete. Zur Zeit läßt er ein 34000 Mann fassendes Zelt bauen. Lesen Sie selbst, wie Gott seinen Dienst durch „mitfolgende Zeichen" bestätigt.

LICHT IM VORHOF DER HÖLLE
Jackie Pullinger — 255 Seiten, DM/Sfr. 9.95

Als ein „Vorhof der Hölle" kann man die Slums von Hongkong bezeichnen. Mitten in den schmalen, dreckigen Gäßchen gründet eine mutige Engländerin einen Jugendclub. Sie will den meist drogenabhängigen, jungen Menschen die Liebe Jesu nahebringen. Finden die Jungen zu Jesus, erleben sie in wunderbarer Weise die Kraft des Heiligen Geistes und werden von ihrer Abhängigkeit befreit.

LIEBE, ANNAHME UND VERGEBUNG
Jerry Cook — 102 Seiten, DM/Sfr. 10.80

Der Autor schildert in diesem Buch, wie er biblische Grundsätze Menschen gegenüber angewendet hat, die echte Liebe und Annahme brauchten. Seine Auffassung vom Dienst für Gott, die dazu führte, daß seine Gemeinde in 14 Jahren von 23 auf 4500 Glieder wuchs, fordert den Leser heraus.

PROPHETIE
Jakob Zopfi — 133 Seiten, DM/Sfr. 13.80

Bei der Prophetie ist es wichtig, sie aus der richtigen Perspektive zu sehen. Der Autor zeigt die vielfältigen und oft geheimnisvollen Erscheinungsweisen biblischer Voraussagen, geht auf deren Bedeutung ein, wobei die verschiedenen Endzeitzeichen ihrer Aktualität wegen einen besonderen Stellenwert einnehmen. Ein Buch voller Realitätssinn und Hoffnung.

DIE FAMILIE AUS BIBLISCHER SICHT
Gene A. Getz — 127 Seiten, DM/Sfr. 13.80

Gott selbst mißt der Familie einen hohen Stellenwert bei; ist diese kleine Zelle doch entscheidend für ein glückliches Leben schlechthin. Diese Tatsache kann nicht genug betont werden. In diesem Buch zeigt der Autor die Funktion der einzelnen Glieder auf und überläßt es der Kreativität jeder Familie selbst, Formen und Strukturen zu entwickeln.

VON GOTT ERWÄHLT
Charles S. Price — 135 Seiten, DM/Sfr. 10.80

Diese Autobiographie von Dr. Price ist ein eindrucksvolles Zeugnis des Wirkens Gottes im Leben eines Menschen, den Gott erfolgreich gebrauchen konnte. Ein Lebensbild, geprägt von Schmerz und Leid, aber auch von Freude und Sieg, wird den Leser persönlich inspirieren zu völligem Vertrauen und Glauben an Jesus Christus.

Preisänderungen vorbehalten!

Zu beziehen durch Ihre Buchhandlung oder:
DYNAMIS VERLAG
Brückenstraße 22, Postfach 256, CH-8280 Kreuzlingen